Arbeitsblätter Biologie

Ökosysteme

Ernst Klett Verlag
Stuttgart · Leipzig

Bildquellennachweis

66.1/67.1, F1 online/Digitale Bildagentur, Frankfurt am Main; Focus Photo- und Presseagentur GmbH, Hamburg

Nicht in allen Fällen war es uns möglich, den Rechteinhaber der Abbildungen ausfindig zu machen. Berechtigte Ansprüche werden selbstverständlich im Rahmen der üblichen Vereinbarungen abgegolten.

1. Auflage   1 7 6 5 4 3 2 | 2020 19 18 17 16

Alle Drucke dieser Auflage sind unverändert und können im Unterricht nebeneinander verwendet werden. Die letzte Zahl bezeichnet das Jahr des Druckes.

Das Werk und seine Teile sind urheberrechtlich geschützt. Jede Nutzung in anderen als den gesetzlich zugelassenen Fällen bedarf der vorherigen schriftlichen Einwilligung des Verlages.
Hinweis § 52 a UrhG: Weder das Werk noch seine Teile dürfen ohne eine solche Einwilligung eingescannt und in ein Netzwerk eingestellt werden. Dies gilt auch für Intranets von Schulen und sonstigen Bildungseinrichtungen. Fotomechanische oder andere Wiedergabeverfahren nur mit Genehmigung des Verlages.

© Ernst Klett Verlag GmbH, Stuttgart 2010. Alle Rechte vorbehalten. www.klett.de

Autor: Klaus Loth, Dietrich-Bonhoeffer-Gymnasium, Neunkirchen/Siegerland

Redaktion: Olaf Bieck, Jasmina Schmidt
Mediengestaltung: Marlene Klenk-Boock

Gestaltung: Andrea Lang
Illustrationen: Stefan Leuchtenberg, Augsburg; Jörg Mair, München

Reproduktion: Meyle + Müller, Medien-Management, Pforzheim
Druck: AZ Druck und Datentechnik GmbH, Kempten

Printed in Germany
ISBN 978-3-12-030108-0

Inhalt

Vorwort 4

Ökologie allgemein

Wir sind Teil der Erde 5
Ökologie im Kopf 6
Glieder eines Ökosysteme 8
Nahrungsketten 10
Tiere im Winter 12
Spurensuche I 14
Spurensuche II 16
Biotopquartett 18
Exotische Früchte, Nüsse und Gewürze 22
Zeigerpflanzen 24
Ökologie eingemacht 29
Die Wüste lebt 30

Aquatische Ökosysteme

Ästuare 32
Korallenriffe 34
Nahrungsnetz im See 36
Die Pflanzengesellschaften des Ufers 38
Stoffkreislauf im Teich 40
Gewässergüte 42
Lachs pass auf! (Spiel) 45
Sie waten im Watt 50
Leben am Pfahl 52
Die Wirbellosen der Felsküsten 54

Terresstrische Ökosysteme

A Wald / Regenwald

Das biologische Gleichgewicht 56
Nahrungsnetz im Mischwald 58
Der Baum als Lebensraum 60
Lebensraum Moospolster 62
Biozönose Baumstumpf 64
Regenwald — Fluch oder Segen? 66
Regenwald — Memory 68
Faulheit ist Trumpf 76
Kampf ums Licht 78
Die letzten Regenwälder 80
Von der Hand in den Mund 82
Ökosystem Mangrove 84

B Kulturland (Acker, Wiese, Hecke)

„Schädlingsbekämpfung" — Rettet den Kohl 86
Kohlweißlingplage 88
Wiesengesellschaft 90
Gefährdet — gesucht I 92
Gefährdet — gesucht II 94

C Stadt/ Trockenmauer/ Hausgarten

Überwinterung in Haus und Garten 96
Ein unglaublicher Haufen 98
Tiere der Mulchschicht 100
Pflanzen an der Trockenmauer 102
Steinreich 104
Läusejagd 106
Torf gehört ins Moor 108
Umweltfaktor/Störfaktor Baum 110
Hoch hinauf 112

Vorwort

Im Rahmen der Reihe der Arbeitsblätter zur Biologie wird hiermit eine weitere Sammlung erprobter Arbeitsblätter vorgelegt. Wie schon die ersten Sammlungen treten diese Arbeitsblätter in keine Konkurrenz zu Fach- und Lehrerbüchern der Biologie. Sie verstehen sich vielmehr als Ergänzung dazu.

Der übersichtliche Aufbau der Arbeitsblätter erleichtert die Benutzung: Auf der rechten Seite befindet sich in der Regel die Kopiervorlage; ihr gegenüber ist eine mögliche Musterlösung angegeben, die manchmal durch weiterführende Hinweise oder zusätzliches Material ergänzt wird. Um die Arbeitsblätter optimal zu nutzen und um sie methodisch variabel einsetzen zu können, sollte sich der Lehrer/die Lehrerin von diesen Kopiervorlagen bzw. von einzelnen Teilen auch Folien für den Overhead-Projektor anfertigen.

Der für den Lehrer/die Lehrerin wichtigste Aspekt dürfte darin liegen, dass er/sie die Arbeitsblätter methodisch unterschiedlich einsetzen kann. Das Material ist von seiner Konzeption her so angelegt, dass es vielfältige Verwendungsmöglichkeiten zulässt. Die methodische Freiheit des Lehrers/der Lehrerin ist damit gewährleistet.

Da durch die äußere Form der Arbeitsblätter in den meisten Fällen keine unterrichtsdidaktischen bzw. methodischen Einsatzmöglichkeiten vorweggenommen sind, kann der Lehrer/die Lehrerin das Material ganz entsprechend seinen/ihren Vorstellungen und in Abhängigkeit von den besonderen Bedingungen seiner/ihrer Schule und der Klasse verwenden.

Im formalen Aufbau werden alle sinnvollen Möglichkeiten eines Arbeitsblattes genutzt: Aufträge mit Beobachtungsaufgaben, Darstellungen von Experimenten wechseln mit Spielvorschlägen, Rätseln und Bastelhinweisen ab. Oberstes Prinzip ist dabei, die Eigentätigkeit des Schülers/der Schülerin anzuregen. Das Arbeitsblatt hat also kaum illustrierenden Charakter, es wird vielmehr verstanden als zentraler Bestandteil der Erarbeitung im Unterricht.

Die Konzeption der vorliegenden Sammlung eilt zudem ihrer Zeit voraus: Nach den letzten Beschlüssen der Kultusministerkonferenz der Länder zur Abiturreform wird neben dem streng fachbezogenen Unterricht zukünftig großer Raum für Projekte, fächerübergreifenden Unterricht, Selbsterarbeitung und umwelt- und praxisbezogenen Unterricht geschaffen werden. Diese Sammlung wie auch die bisher vorgelegten, berücksichtigt diese Aspekte in besonderem Maße.

Die vorliegenden Arbeitsblätter sind insbesondere für den Einsatz in der Sekundarstufe 1 vorgesehen. Einzelne Themen eignen sich natürlich auch für den Einsatz in der Sekundarstufe II.

Beim Durchblättern wird auffallen, dass die Sammlung sehr viele neue Aspekte der Ökologie enthält, dafür aber hier und da absolut grundlegende Themen (z. B. Nahrungspyramiden) ein wenig vernachlässigt. Bei der Flut bereits vorliegender Arbeitspapiere findet dies aber sicher Ihre Zustimmung.

Liebevoll wurden Hunderte von Tieren und Pflänzchen für diesen Band gezeichnet — ein Steinbruch auch für eine Verwendung in anderem Kontext. Deutlich wird da bei der Zusammenhang der Ökologie zur Systematik und der Kenntnis von Monografien. Letztere finden sich verstreut in allen Bändchen der Reihe Arbeitsblätter Biologie.

Die Systematik lässt sich spielend mit den Schülerinnen und Schülern an den Handblättern Biologie erarbeiten:
Systematik Wirbeltiere, KLETT-Nr. 4213 oder Systematik Wirbellose, KLETT-Nr. 4211.

„Wir haben die Erde
nicht von unseren
Eltern geerbt.
Wir haben die Erde
nur von unseren
Kindern geliehen.
(Indianisches Sprichwort)

Dieses Bändchen widme ich meinen Kindern Alina, Bea, Janine und Sebastian für das entgegengebrachte Vertrauen.

Burbach, im Januar 1997
Klaus Loth

Wir sind Teil der Erde

Der große Häuptling in Washington sendet Nachricht, dass er unser Land zu kaufen wünscht. Wir werden sein Angebot bedenken, denn wir wissen — wenn wir nicht verkaufen — kommt vielleicht der weiße Mann mit Gewehren und nimmt sich unser Land. Wie kann man den Himmel kaufen oder verkaufen — oder die Wärme der Erde? Diese Vorstellung ist uns fremd. Wenn wir die Frische der Luft und das Glitzern des Wassers nicht besitzen — wie könnt ihr sie von uns kaufen?

Jeder Teil dieser Erde ist meinem Volk heilig, jede glitzernde Tannennadel, jeder sandige Strand, jeder Nebel in den dunklen Wäldern, jede Lichtung, jedes summende Insekt ist heilig, in den Gedanken und Erfahrungen meines Volkes. Der Saft, der in den Bäumen steigt, trägt die Erinnerung des roten Mannes.

Mein Volk ist wie eine ablaufende Flut — aber ohne Wiederkehr.

Unsere Toten vergessen diese wunderbare Erde nie, denn sie ist des roten Mannes Mutter. Wir sind Teil der Erde und sie ist ein Teil von uns. Die duftenden Blumen sind unsere Schwestern, die Rehe, das Pferd, der große Adler — sind unsere Brüder. Die felsigen Höhen, die saftigen Wiesen, die Körperwärme des Ponys — und des Menschen — sie alle gehören zur gleichen Familie.

Wenn also der große Häuptling in Washington uns Nachricht sendet, dass er unser Land zu kaufen gedenkt — so verlangt er viel von uns.

Gott liebt euer Volk und hat seine roten Kinder verlassen. Er schickt Maschinen, um dem weißen Mann bei seiner Arbeit zu helfen, und baut große Dörfer für ihn. Er macht euer Volk stärker, Tag für Tag. Bald werdet ihr das Land überfluten wie Flüsse, die die Schluchten hinabstürzen nach einem unerwarteten Regen.

Wir wissen, dass der weiße Mann unsere Art nicht versteht. Die Erde ist sein Bruder nicht.

Ich weiß nicht — unsere Art ist anders als die eure. Der Anblick eurer Städte schmerzt die Augen des roten Mannes. Vielleicht, weil der rote Mann ein Wilder ist und nicht versteht. Es gibt keine Stille in den Städten der Weißen. Keinen Ort, um das Entfalten der Blätter im Frühling zu hören oder das Summen der Insekten. Aber vielleicht nur deshalb, weil ich ein Wilder bin und nicht verstehe. Das Geklappere scheint unsere Ohren nur zu beleidigen. Was gibt es schon im Leben, wenn man nicht den einsamen Schrei des Ziegenmelkervogels hören kann oder das Gestreite der Frösche am Teich bei Nacht? Ich bin ein roter Mann und verstehe das nicht. Der Indianer mag das sanfte Geräusch des Windes, der über eine Teichfläche streicht — und den Geruch des Windes, gereinigt vom Mittagsregen oder schwer vom Duft der Kiefern. Die Luft ist kostbar für den roten Mann — denn alle Dinge teilen denselben Atem — das Tier, der Baum, der Mensch.

Ich bin ein Wilder und verstehe es nicht anders. Ich habe tausend verrottete Büffel gesehen, vom weißen Mann zurückgelassen — erschossen aus einem vorüberfahrenden Zug. Ich bin ein Wilder und kann das nicht verstehen, wie das qualmende Eisenpferd wichtiger sein soll als der Büffel, den wir nur töten, um am Leben zu bleiben. Was ist der Mensch ohne die Tiere? Wären alle Tiere fort, so stürbe der Mensch an großer Einsamkeit des Geistes. Was immer den Tieren geschieht — geschieht bald auch den Menschen. Alle Dinge sind miteinander verbunden.

Wenn die Büffel alle geschlachtet sind — die wilden Pferde gezähmt — die heimlichen Winkel des Waldes, schwer vom Geruch vieler Menschen — und der Anblick reifer Hügel geschändet von redenden Drähten — wo ist das Dickicht — fort, wo der Adler — fort, und was bedeutet es, Lebewohl zu sagen dem schnellen Pony und der Jagd ...

Wenn der letzte rote Mann von dieser Erde gewichen ist und sein Gedächtnis nur noch der Schatten einer Wolke über der Prärie, wird immer noch der Geist meiner Väter in diesen Ufern und diesen Wäldern lebendig sein. Denn sie lieben diese Erde, wie das Neugeborene den Herzschlag seiner Mutter.

Der weiße Mann aber behandelt seine Mutter, die Erde, und seinen Bruder, den Himmel, wie Dinge zum Kaufen und Plündern, zum Verkaufen wie Schafe oder glänzende Perlen. Sein Hunger wird die Erde verschlingen und nichts zurücklassen als eine Wüste.

(Rede des Häuptlings der Duwamisch-Indianer vor dem Präsidenten der Vereinigten Staaten von Amerika im Jahre 1855; gekürzt)

Lösung

Ökologie im Kopf

1 Identifiziere die Lebewesen (26), notiere sie tabellarisch in deinem Heft.

2 Gib die systematische Zugehörigkeit der Lebewesen an.

Albatros, Vogel	Weinbergschnecke, Weichtier (Wirbellose)
Delphin, Säugetier	Pferd, Säugetier
Fuchs, Säugetier	Tiger, Säugetier
Krokodil, Reptil	Ente, Vogel
Faultier, Säugetier	Süßwassermuschel, Weichtier (Wirbellose)
Wasserschildkröte, Reptil	Heupferd, Insekt (Wirbellose)
Blauwal, Säugetier	Kakadu, Vogel
Känguru, Säugetier	Kaninchen, Säugetier
Elefant, Säugetier	Seestern, Stachelhäuter
Igel, Säugetier	Orang-Utan, Säugetier
Boa, Reptil	Pfau, Vogel
Chamäleon, Reptil	Bär, Säugetier
Tukan, Vogel	Mensch, Säugetier

Die Tabelle ist je nach Unterrichtskontext erweiterbar, z. B. um detaillierte systematische Kategorien, um Kontinente oder um die entsprechenden Lebensräume und gegebenenfalls ihrer Charakterisierung.

z.B.: Tiger, korrekt Königs- oder Bengaltiger, Klasse Säugetiere, Ordnung Raubtiere, Familie Katzen, Gattung Nebelparder, Art Panthera tigris tigris; 8 Tigerunterarten/-rassen, z. T. ausgestorben, fossil; Säbelzahntiger, strenger Artenschutz (Anhang I) WWF-Schutzprogramm, Vorkommen: Asien, Sundarbangebiet Indien und Bangladesh, auch Burma und Nepal, Lebensraum: flache Küstenwälder, Dschungel ...

3 Überlege dir einen passenden Titel für das Bild. Diskutiert die Vorschläge.

„Artensterben", „Biotopschutz", „Ein Platz für Tiere."

Ökologie allgemein

Ökologie im Kopf

1 Identifiziere die Lebewesen (26), notiere sie tabellarisch in deinem Heft.

2 Gib die systematische Zugehörigkeit der Lebewesen an.

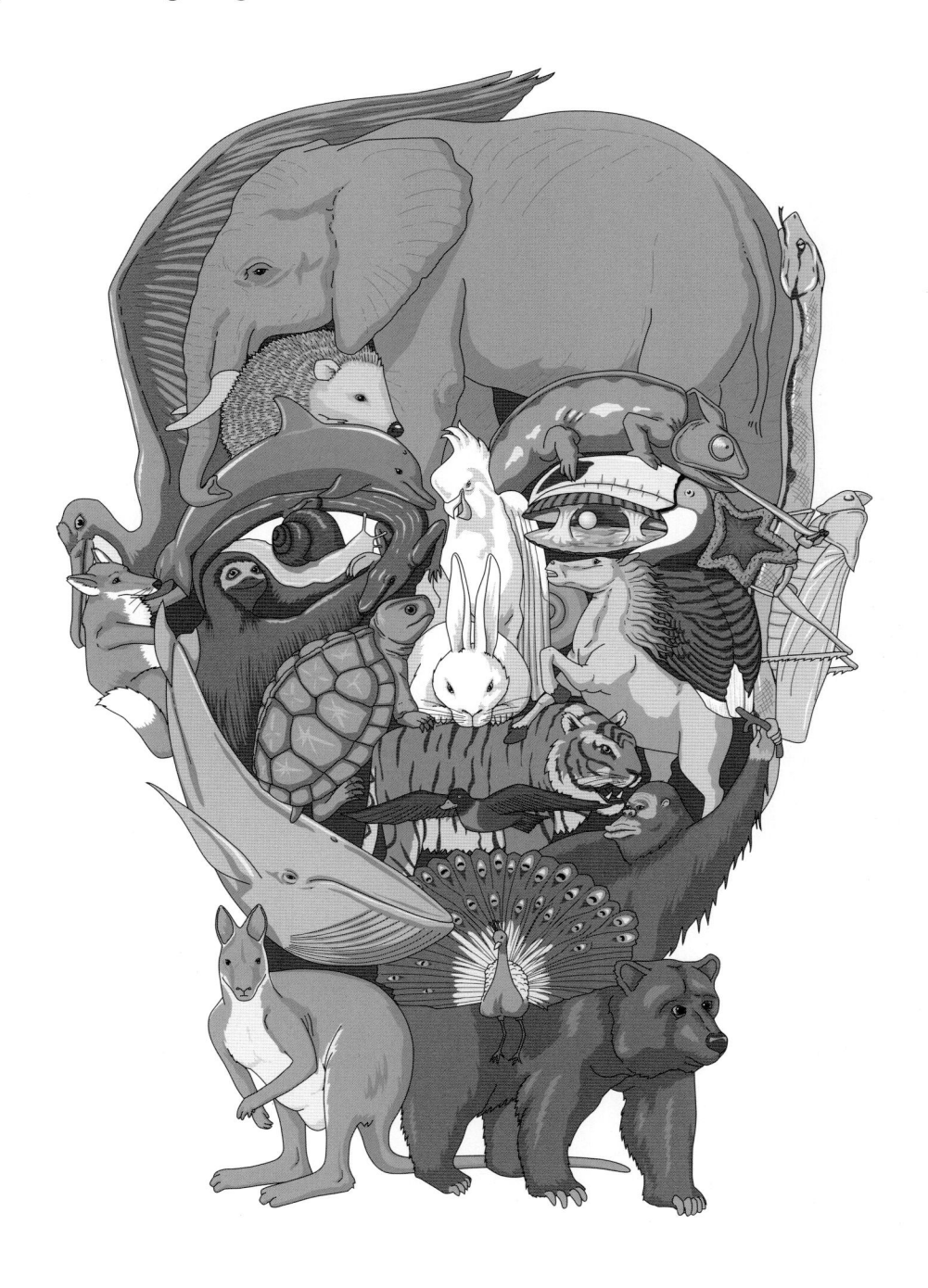

3 Überlege dir einen passenden Titel für das Bild. Diskutiert die Vorschläge.

Arbeitsblätter Biologie

Lösung

Glieder eines Ökosystems

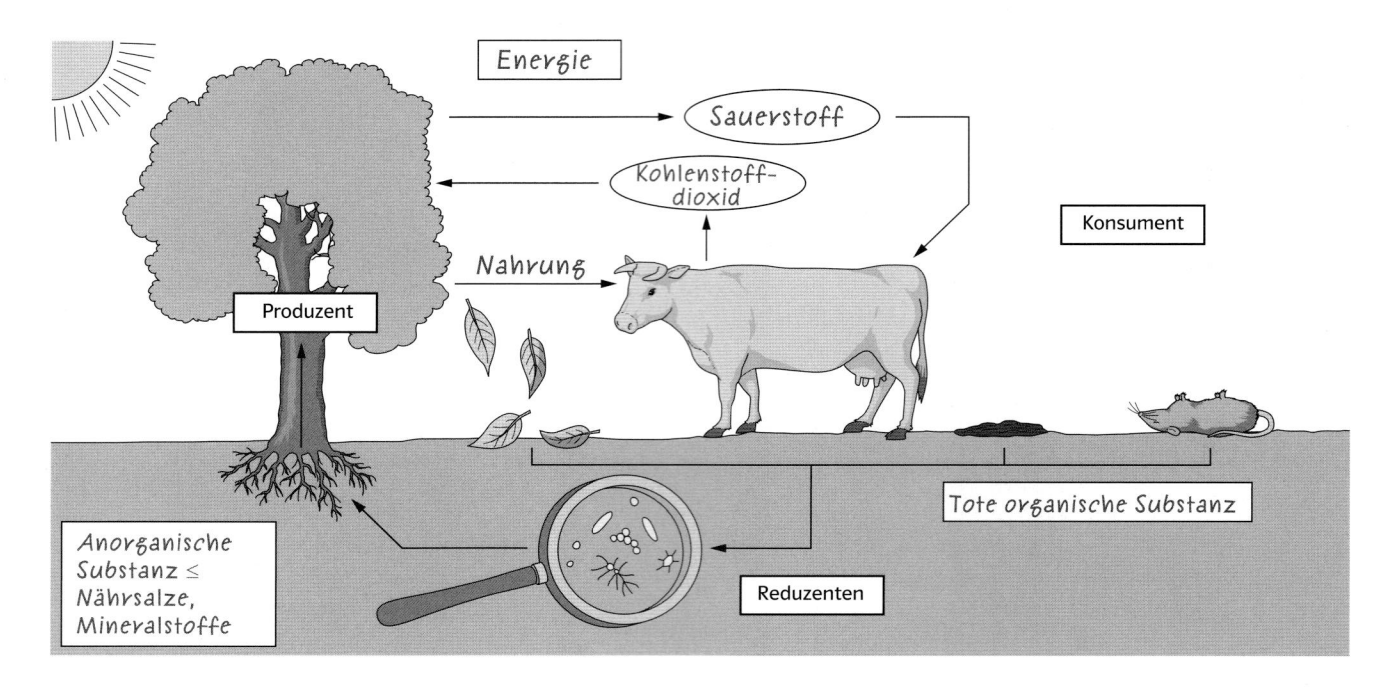

Diagramm-Beschriftungen:
- Energie
- Sauerstoff
- Kohlenstoffdioxid
- Nahrung
- Produzent
- Konsument
- Tote organische Substanz
- Reduzenten
- Anorganische Substanz ≤ Nährsalze, Mineralstoffe

1 Verdeutliche in der Grafik die Beziehungen der Lebewesen untereinander, indem du die fehlenden Stichworte ergänzt.

2 Erläutere die Namen „Produzent" „Konsument" und „Reduzent":

Produzenten beherrschen die Fotosynthese, d. h.: Sie stellen aus energiearmen anorganischen Stoffen mit Hife von Blattgrün und Lichtenergie energiereiche, organische Substanz her (Autotrophie). Konsumenten sind auf organische, energiereiche Substanz der Erzeuger oder anderer Verbraucher angewiesen. Sie setzen die Energie daraus für sich selbst frei (Heterotrophie). Reduzenten führen die tote, organische Substanz zurück in anorganische Stoffe, die den Erzeugern dann wieder zur Verfügung stehen (Saprotrophie).

3 Ergänze: Konsumenten I. Ordnung sind stets Pflanzenfresser

Konsumenten höherer Ordnung sind stets Fleischfresser

4 Gib eine Beispielkette bis zu einem Konsumenten IV. Ordnung an.

Blatt, Blattlaus I, Marienkäfer II, Spitzmaus III, Katze IV

Ökologie allgemein

Glieder eines Ökosystems

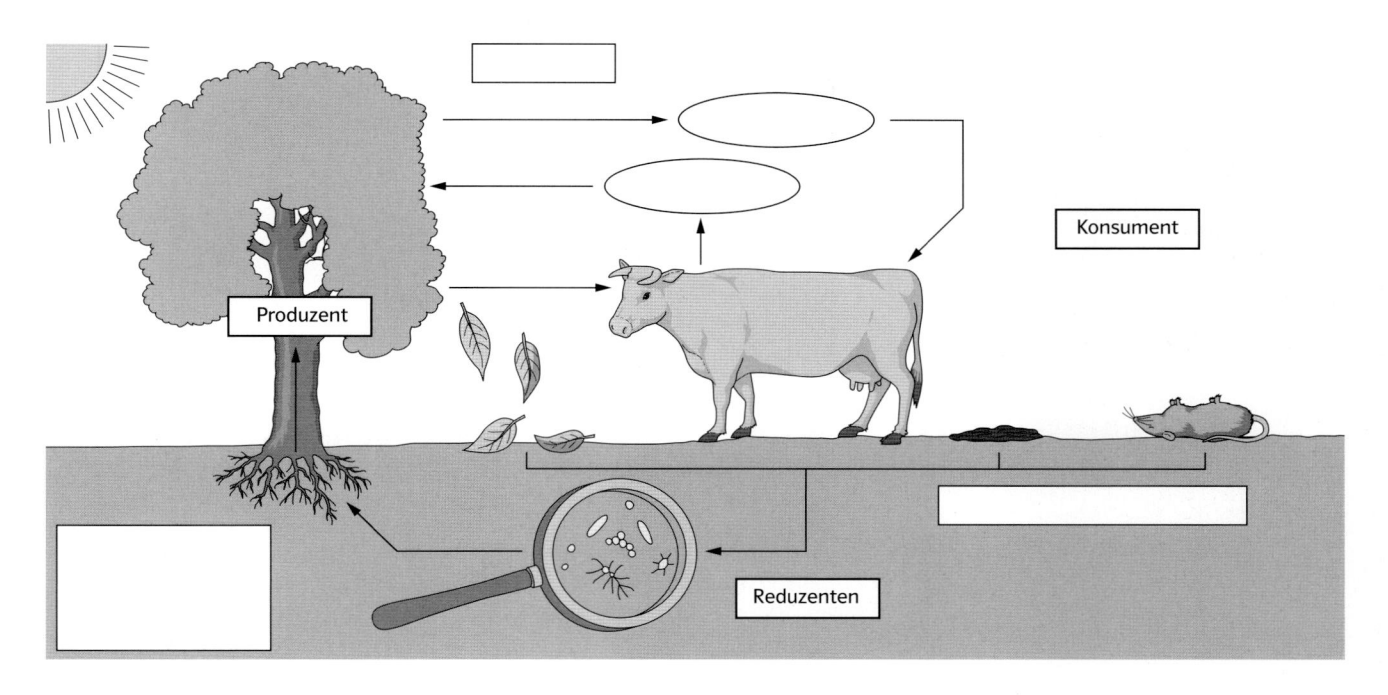

1 Verdeutliche in der Grafik die Beziehungen der Lebewesen untereinander, indem du die fehlenden Stichworte ergänzt.

2 Erläutere die Namen „Produzent" „Konsument" und „Reduzent":

_____
_____
_____
_____
_____
_____
_____

3 Ergänze: Konsumenten I. Ordnung sind stets _____

Konsumenten höherer Ordnung sind stets _____

4 Gib eine Beispielkette bis zu einem Konsumenten IV. Ordnung an.

_____

Arbeitsblätter Biologie

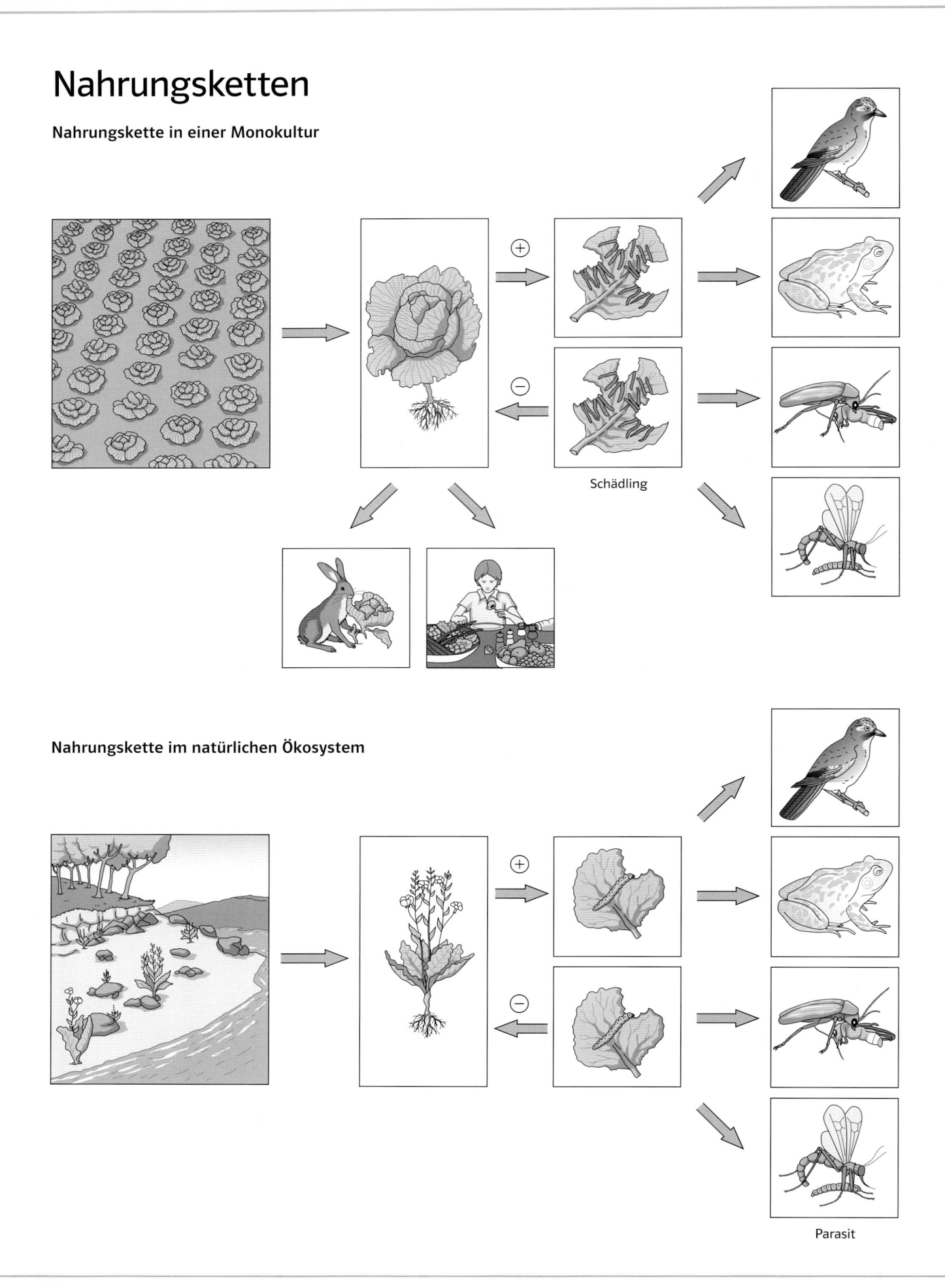

Nahrungsketten

Nahrungskette in einer Monokultur

Schädling

Nahrungskette im natürlichen Ökosystem

Parasit

Ökologie allgemein

Nahrungsketten

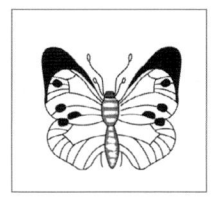

1 Schneide die Symbole aus und montiere in deinem Heft zwei Nahrungsketten
a) in einer Monokultur
b) im natürlichen Ökosystem am Beispiel des Wild- bzw. Zuchtkohls unter Einfluss der Raupen des Kohlweißlings.

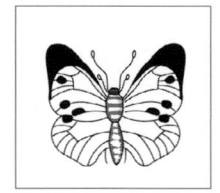

2 Setze Beziehungspfeile ein und verwende (+) bzw. (—) Symbole mit der Aussage:
(+) je mehr desto mehr, je weniger desto weniger
(—) je mehr desto weniger, je weniger desto mehr

Arbeitsblätter Biologie 11

Lösung

Tiere im Winter

1 Leider hat der Grafiker in der Abbildung verhängnisvolle Fehler begangen: Die Kreise sind alle gegeneinander verdreht. Schneide die Kreisringe aus, ordne sie durch Drehen richtig an und klebe sie dann in deinem Heft fest.

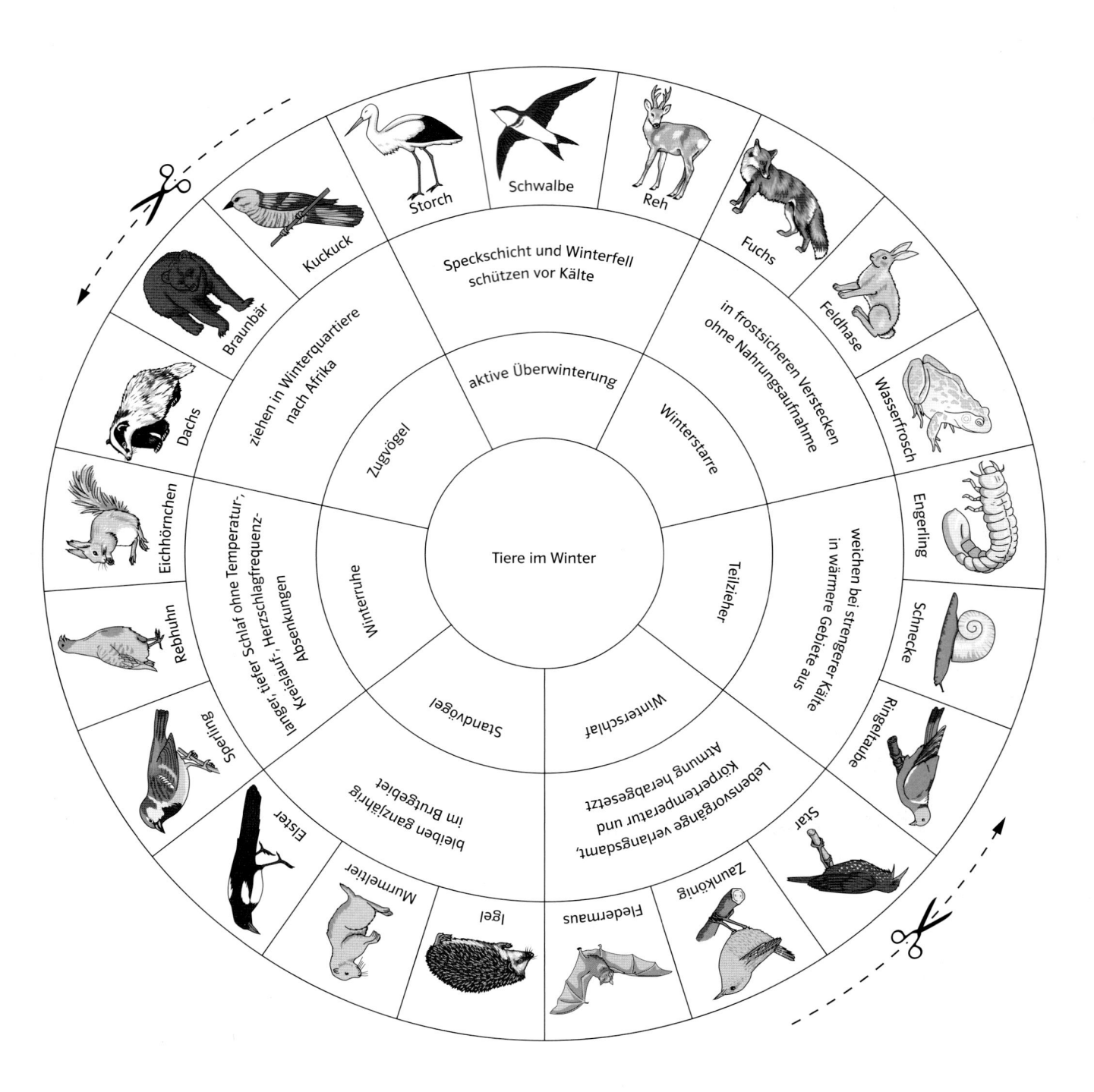

12 Arbeitsblätter Biologie

Ökologie allgemein

Tiere im Winter

1 Leider hat der Grafiker in der Abbildung verhängnisvolle Fehler begangen: Die Kreise sind alle gegeneinander verdreht. Schneide die Kreisringe aus, ordne sie durch Drehen richtig an und klebe sie dann in deinem Heft fest.

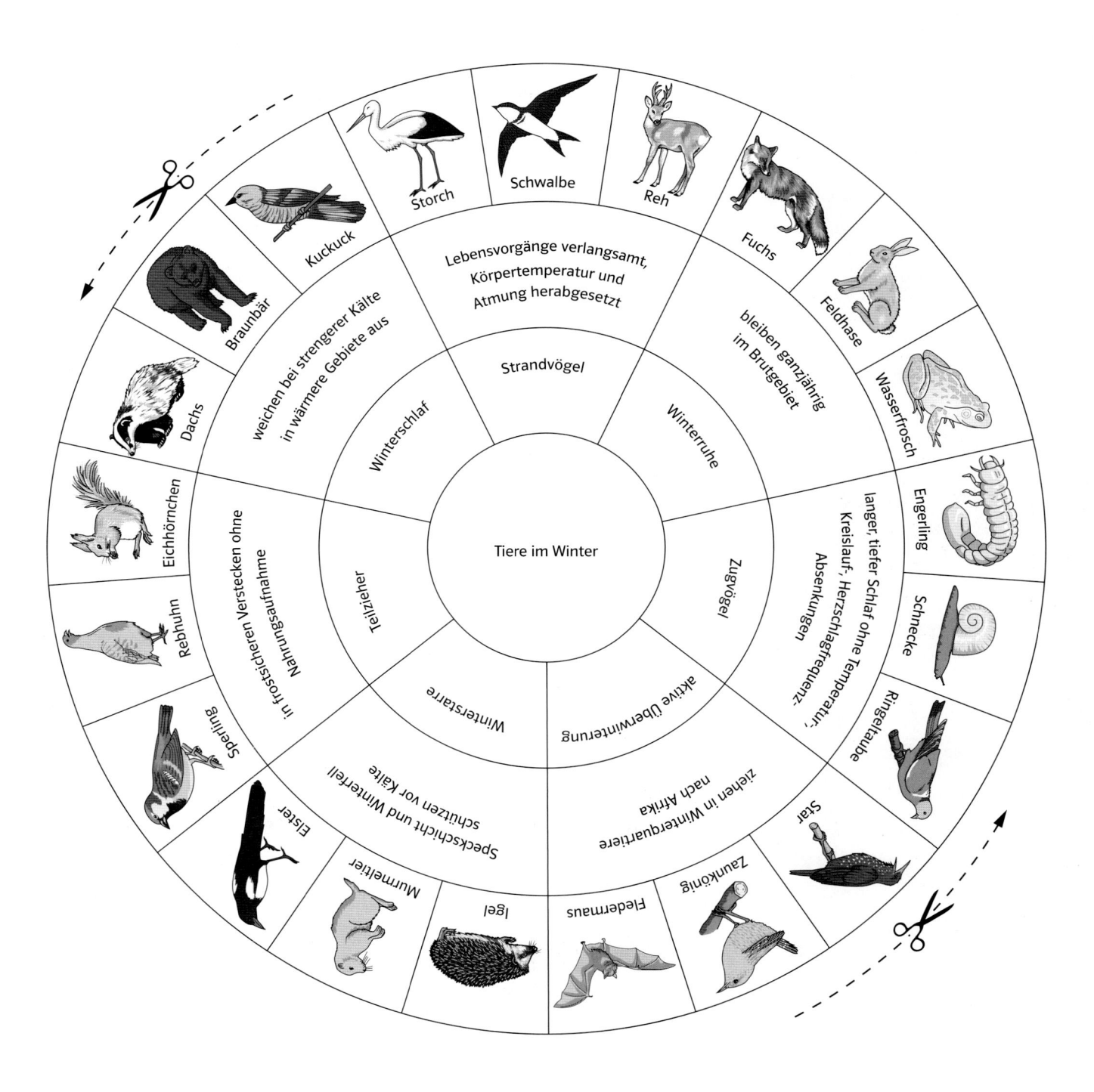

© Ernst Klett Verlag GmbH, Stuttgart 2010. Als Kopiervorlage freigegeben.

Lösung

Spurensuche I

Ordne die Spuren den Tieren zu und trage die entsprechenden Zahlen ein.

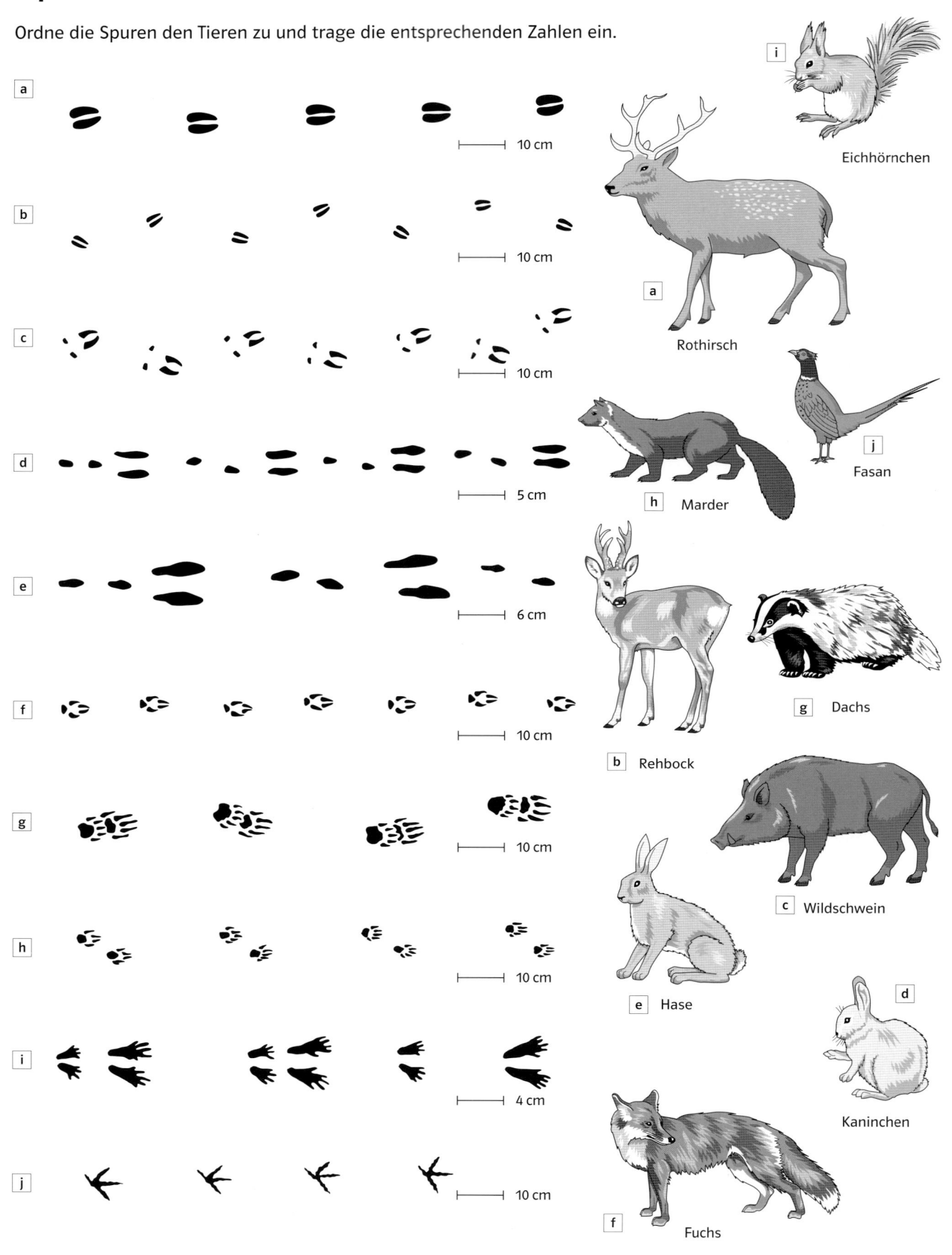

- a — 10 cm
- b — 10 cm
- c — 10 cm
- d — 5 cm
- e — 6 cm
- f — 10 cm
- g — 10 cm
- h — 10 cm
- i — 4 cm
- j — 10 cm

i Eichhörnchen
a Rothirsch
j Fasan
h Marder
g Dachs
b Rehbock
c Wildschwein
e Hase
d Kaninchen
f Fuchs

14 Arbeitsblätter Biologie

Ökologie allgemein

Spurensuche I

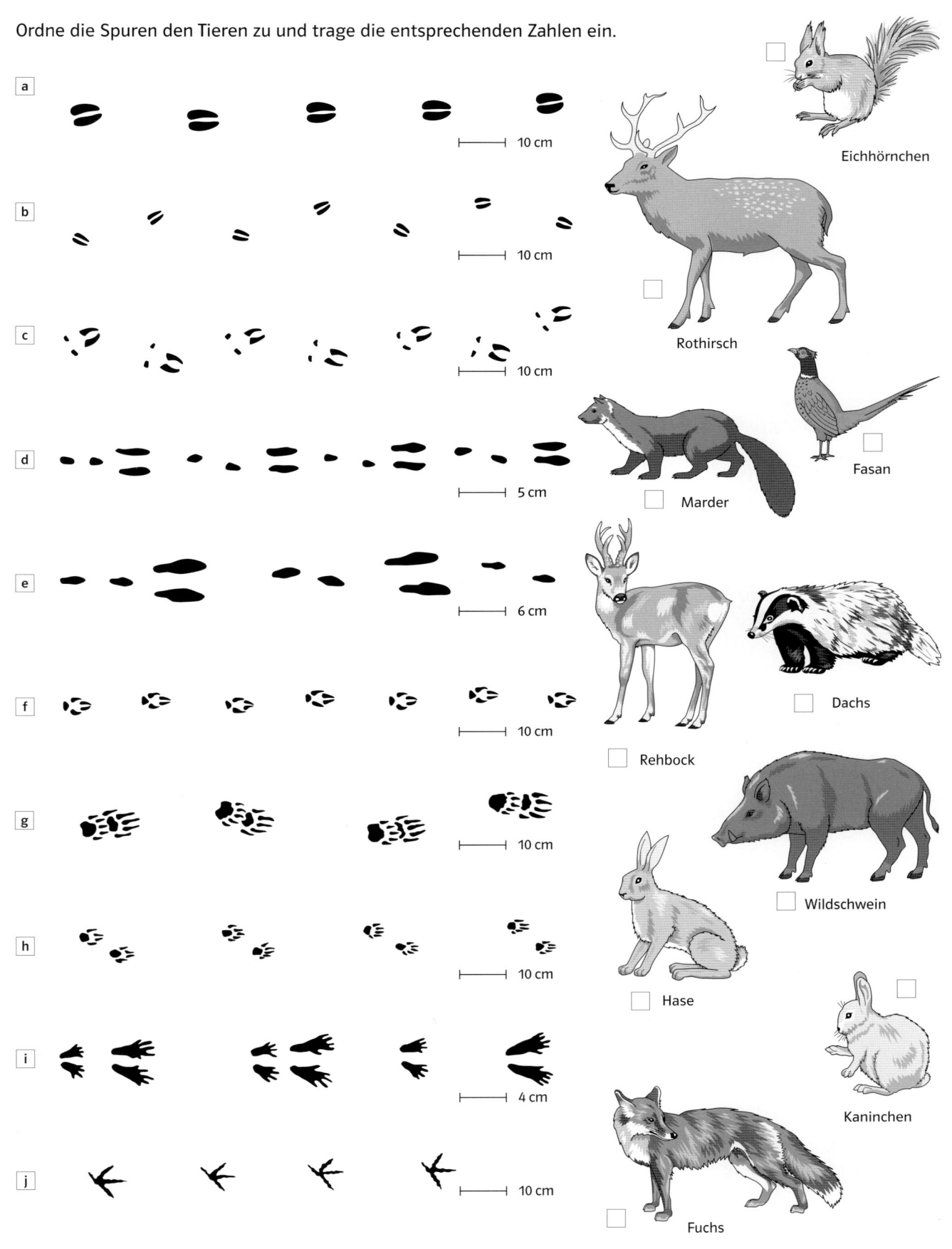

Ordne die Spuren den Tieren zu und trage die entsprechenden Zahlen ein.

a — 10 cm

b — 10 cm

c — 10 cm

d — 5 cm

e — 6 cm

f — 10 cm

g — 10 cm

h — 10 cm

i — 4 cm

j — 10 cm

☐ Eichhörnchen

☐ Rothirsch

☐ Fasan

☐ Marder

☐ Dachs

☐ Rehbock

☐ Wildschwein

☐ Hase

☐ Kaninchen

☐ Fuchs

Arbeitsblätter Biologie 15

Spurensuche II

Ordne den Tieren (1 bis 15) die Tierspuren zu und trage die Zahlen ein.

a Eichhörnchen
b Großer Buntspecht
c Rothirsch
d Bussard
e Waldmaus
f Dachs
g Rehbock
h Schermaus
i Maulwurf
j Graureiher
k Kleiber
l Damhirsch
m Würger
n Waldkauz
o Fuchs

Ökologie allgemein

Spurensuche II

Ordne den Tieren (1 bis 15) die Tierspuren zu und trage die Zahlen ein.

a Eichhörnchen
b Großer Buntspecht
c Rothirsch
d Bussard
e Waldmaus
f Dachs
g Rehbock
h Schermaus
i Maulwurf
j Graureiher
k Kleiber
l Damhirsch
m Würger
n Waldkauz
o Fuchs

Arbeitsblätter Biologie 17

Biotopquartett

Male die Abbildungen – soweit sinnvoll – möglichst naturgetreu aus. Farbige Vorlagen findest du in deinem Biologiebuch oder in einem Tierlexikon.

Klebe die Blätter auf dünnen Karton und schneide die Karten möglichst genau aus.

Das Spiel wird nach den üblichen Quartettregeln gespielt. Und nun viel Spaß!

Später kannst du ein Quartett noch um weitere Beispiele erweitern (Frage deinen Lehrer!).

1a   Wald – Tiere

Buntspecht

Mit seinem starken Schnabel löst er Baumrinde ab und angelt mit seiner langen, pinselförmigen, klebrigen und mit Widerhaken besetzten Zunge Insekten und ihre Larven. Er meißelt Baumhöhlen.

a **Buntspecht**   b Fuchs
c Eichhörnchen   d Wildschwein

1b   Wald – Tiere

Fuchs

„Reineke" steht an der Spitze der Nahrungspyramide in unserer Flur. Zur Eindämmung der Tollwut bekommt er heute Schluckimpfungen. Vor dem Fuchsbrandwurm muss man selber auf der Hut sein.

a Buntspecht   b **Fuchs**
c Eichhörnchen   d Wildschwein

1c   Wald – Tiere

Eichhörnchen

Der tollkühne Kletterer mit dem buschigen Schwanz sammelt Nüsse und Samen für seine Winterruhe im Kobel. Nicht alle seine Vorratsverstecke findet er wieder und trägt so zur Verbreitung der Pflanzen bei.

a Buntspecht   b Fuchs
c **Eichhörnchen** d Wildschwein

1d   Wald – Tiere

Wildschwein

Mit dem starken Rüssel durchpflügen sie Waldwege, Lichtungen, Felder und auch Äcker auf der Suche nach Würmern und Insektenlarven. Die Bache erzieht ihre Frischlinge. Ein Schlammbad in der Suhle schützt vor Parasiten.

a Buntspecht   b Fuchs
c Eichhörnchen   d **Wildschwein**

2a   Wald – Pflanzen

Eiche

Die artenreichen Bäume sind nicht nur Schmuckstücke in Parks, sondern auch begehrtes, wertvolles Nutzholz für Furniere und Möbel. Die Eicheln sind wichtige Nahrung für viele Tiere der Laubwälder.

a **Eiche**   b Aronstab
c Fliegenpilz   d Fichte

2b   Wald – Pflanzen

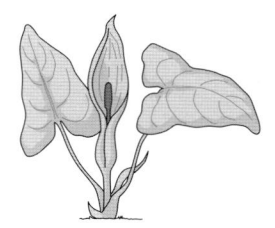

Aronstab

In feuchten Laubwäldern öffnet er seine Fliegenkesselfalle. Der Aasgeruch lockt Fliegen zur Bestäubung an, sie werden eingesperrt, ernährt und nach getaner Arbeit wieder unversehrt entlassen, so dass sie den nächsten Aronstab besuchen.

a Eiche   b **Aronstab**
c Fliegenpilz   d Fichte

2c   Wald – Pflanzen

Fliegenpilz

Der Giftpilz erhält Stoffe, die nicht nur Rauschzustände und Wahnvorstellungen auslösen, sondern auch Lähmungen, Atemnot und den Tod. Jedes Kind kennt ihn aus Märchen- und Bilderbüchern mit seinem roten Hut und den weißen Tupfen.

a Eiche   b Aronstab
c **Fliegenpilz** d Fichte

2d   Wald – Pflanzen

Fichte

Der schnellwüchsige Baum ist Symbol der forstlichen Monokulturen. Das „Waldsterben" nahm bei ihm seinen Anfang. Sein Holz wird zu Papier und Spanplatten verarbeitet. Edelformen und Tannen haben ihn als Weihnachtsbaum abgelöst.

a Eiche   b Aronstab
c Fliegenpilz   d **Fichte**

Ökologie allgemein

3a Wiese – Tiere

Maulwurf

„Grabowski" steht unter Naturschutz. Kaum ein Landwirt oder Gärtner duldet seine emsige Wühlarbeit und seine Erdhaufen. Der Einzelgänger wühlt nach Regenwürmern und Insektenlarven. Er kann sehr schlecht sehen, aber fantastisch gut hören.

a **Maulwurf** b Heupferd
c Feldhamster d Feldmaus

3b Wiese – Tiere

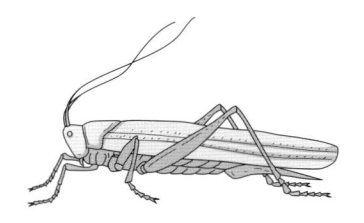

Heupferd

Trotz fast 5 cm Körperlänge ist es ein guter Flieger. Die Männchen sind unermüdliche Sänger, sie stridulieren Tag und Nacht. Neben Pflanzen werden Fliegen, Raupen und kleine Schmetterlinge verspeist. Früher wurden sie in Gefangenschaft gezüchtet.

a Maulwurf   b **Heupferd**
c Feldhamster d Feldmaus

3c Wiese – Tiere

Feldhamster

Das Dämmerungstier bevorzugt trockene Felder und ernährt sich von Feldfrüchten, insbesondere Getreide. Für die Winterruhe „hamstert" er Vorräte in seinem Erdbau. Die bedrohte Tierart ist mit dem viel kleineren syrischen Goldhamster verwandt.

a Maulwurf   b Heupferd
c **Feldhamster** d Feldmaus

3d Wiese – Tiere

Feldmaus

Die „Wechsel" der Feldwühlmaus werden im Frühjahr sichtbar. Oft leben mehrere Weibchen in einem Nest; mit einem Monat können sie trächtig werden. Bei guten Bedingungen und 21 Tagen Tragzeit kann es zu Massenvermehrungen kommen.

a Maulwurf   b Heupferd
c Feldhamster d **Feldmaus**

4a Wiese – Pflanzen

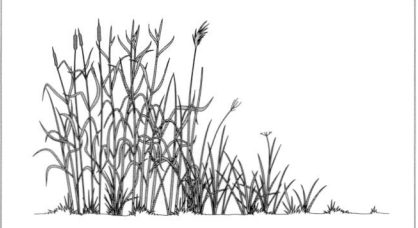

Gräser

Die vielen schwer bestimmbaren Arten (4 000) werden in Süß- und Sauergräser unterteilt. Sie sind weltweit verbreitet und meist nutzbar. Neben der Futternutzung findet man sie auf Dächern oder nach langer Züchtung als Getreide, Reis oder Mais.

a **Gräser**   b Weißklee
c Herbstzeitlose   d Arnika

4b Wiese – Pflanzen

Weißklee

Wer kennt ihn nicht? Diese Art findet sich auf jedem Rasen und in jeder Wiese, sofern genug Stickstoff vorhanden ist. Für Barfußgeher wird der bienenbestäubte Schmetterlingsblüter manchmal zum „Erlebnis", er ist trittfest und seine Teile bewurzeln neu.

a Gräser   b **Weißklee**
c Herbstzeitlose d Arnika

4c Wiese – Pflanzen

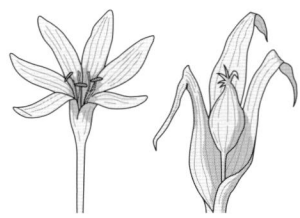

Herbstzeitlose

Das giftige Zwiebelgewächs blüht im Herbst zartlila bis rosa. Die unterirdischen Fruchtknoten schieben erst im nächsten Sommer einen Fruchtstand mit münzenartigen Samen vervor. Im Herbst erblüht dann wieder die blattlose, geschützte Pflanze.

a Gräser   b Weißklee
c **Herbstzeitlose** d Arnika

4d Wiese – Pflanzen

Arnika

Die Wildform ist selten; sie braucht sauren, sandigen und nährstoffarmen Boden. Sammelleidenschaft hat sie unter Naturschutz gebracht. Die Verwendung als Arzneipflanze ist im Hausgebrauch gefährlich, da die Menge ihrer Inhaltsstoffe stark schwankt.

a Gräser   b Weißklee
c Herbstzeitlose d **Arnika**

Vorlagen für weitere Karten:

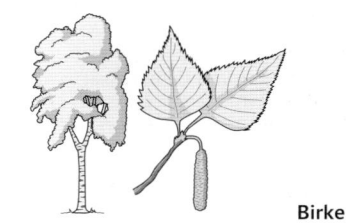

Bussard

Birke

© Ernst Klett Verlag GmbH, Stuttgart 2010. Als Kopiervorlage freigegeben.

5a Hecke – Tiere

Kaninchen

Es ist die Stammform aller Hauskaninchenrasen (Stahlhasen). Die geselligen Karnickel leben in großen Bauten unter Tage. Ihre Vermehrung ist sprichwörtlich. In Australien wurden sie zur Plage.

a **Kaninchen**   b Igel
c Kreuzspinne   d Neuntöter

5b Hecke – Tiere

Igel

Der einzige Winterschläfer unter den Insektenfressern ist aufgrund seines praktischen Einrollverfahrens im Straßenverkehr tödlich bedroht. Nur untergewichtige Jungtiere dürfen von Fachleuten „überwintert" werden.

a Kaninchen   b **Igel**
c Kreuzspinne   d Neuntöter

5c Hecke – Tiere

Kreuzspinne

Kaum ein Gebäude ohne Kreuzspinne. Häufig lebt sie aber auch im Freien an Baumrinde und Felsen. Sie webt ein Deckennetz.

a Kaninchen   b Igel
c **Kreuzspinne** d Neuntöter

5d Hecke – Tiere

Neuntöter

Er benötigt Büsche und Hecken zum Überleben. Vom Buschansitz fängt er Insekten und Mäuse. Große Beute spießt er auf Dornen, um sie zu bearbeiten. Nur in Hecken baut er sein Nest. Er steht unter Naturschutz.

a Kaninchen   b Igel
c Kreuzspinne   d **Neuntöter**

6a Hecke – Pflanzen

Holunder

Der stickstoffliebende „Schwarze Holler" oder „Flieder" wächst als Strauch oder Baum bis zu 6 m hoch. Seine schwarzblauen Beeren liefern einen roten Saft, der vielerorts zu Marmelade verarbeitet wird.

a **Holunder**   b Ginster
c Hainbuche   d Brombeere

6b Hecke – Pflanzen

Ginster

Frost und eine fehlende Schneedecke im Winter verträgt der Besenginster nur schlecht. Die fünfkantigen Zweige und Ruten eignen sich zum Besenbinden, was ihn stark dezimiert hatte. Heute warten die Zecken vergeblich auf den Besenbinder.

a Holunder   b **Ginster**
c Hainbuche   d Brombeere

6c Hecke – Pflanzen

Hainbuche

Das helle Holz der Hain- oder Weißbuche dient als hartes Werk- und edles Möbelholz. Der Tiefwurzler verbessert den Boden durch seine leicht zersetzbare Laubstreu. Zahlreiche Zierrassen füllen Parks und Gärten.

a Holunder   b Ginster
c **Hainbuche** d Brombeere

6d Hecke – Pflanzen

Brombeere

Wer die schmackhaften Sammelfrüchte erntet, kennt die blutigen Kratzer, mit denen sich die stark wuchernde Pflanze gegen alles zur Wehr setzt. Mit Verbreitung der Fuchsbandwurmeier ist die Ernteleidenschaft zurückgegangen.

a Holunder   b Ginster
c Hainbuche   d **Brombeere**

Vorlagen für weitere Karten:

Rothirsch

Dachs

Ökologie allgemein

7a See – Tiere

Teichfrosch

Das ruffreudige, hellgrün bis braune Amphib ist stark gefährdet und steht samt seinem Laich unter strengem Schutz (Laichballen mit bis zu 1 500 Eiern). Es ist stark ans Wasser gebunden und überwintert im Schlamm des Gewässergrundes.

a **Teichfrosch**   b Libelle
c Wasserläufer   d Hecht

7b See – Tiere

Libelle

Die Larven der imposanten Flieger machen eine ggf. mehrjährige Entwicklung im Teich durch. Alle Libellenarten sind bedroht, letztlich vom Menschen, der nicht einsieht, dass die Tiere weder stechen noch beißen können.

a Teichfrosch   b **Libelle**
c Wasserläufer   d Hecht

7c See – Tiere

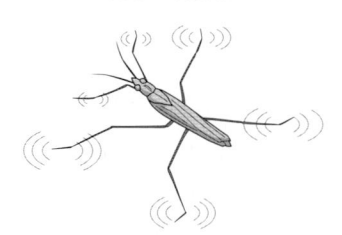

Wasserläufer

Die Oberflächenspannung des Wassers reicht für ihn, um darauf zu laufen. Die 10–13 mm lange Wanze kommt mit verwandten Arten auf Tümpeln, Teichen und Pfützen vor. Die Imago überwintern und zeigen sich in den ersten Vorfrühlingstagen.

a Teichfrosch   b Libelle
c **Wasserläufer**   d Hecht

7d See – Tiere

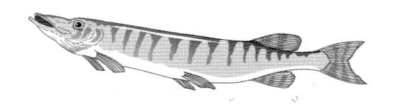

Hecht

Größter heimischer „Räuber" im Wasser. Nur kleinen Karpfen wird er gefährlich, ansonsten lebt er von Wirbellosen, Amphibien, Wasservögeln und Kleinsäugern. Er ist ein Standfisch der Uferzone und wird bis 1,5 m lang.

a Teichfrosch   b Libelle
c Wasserläufer   d **Hecht**

8a See – Pflanzen

Schilf

Bis 4 m hohes Wassergras; Kosmopolit; in den Tropen bis 10 m hoch. Bodenbefestigende Uferpflanze im Röhricht. Vielfältiger Nutzen von Dekorationen über Dächer und Rohrmatten zu Mundstücken für Instrumente und Wirkstoffen in der Medizin.

a **Schilf**   b Seerose
c Wasserlinse   d Wasserlilie

8b See – Pflanzen

Seerose

Unverwechselbar ist die weiße Teichrose mit ihren glänzenden Schwimmblättern, ihrer weißen Blüte und den gelben Narben. Obwohl es noch größere Bestände gibt, steht sie unter strengen Schutz, da ihre Lebensräume stark gefährdet sind.

a Schilf   b **Seerose**
c Wasserlinse   d Wasserlilie

8c See – Pflanzen

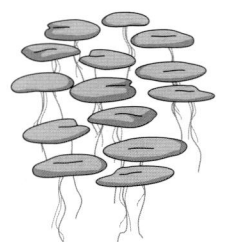

Wasserlinse

Die kleine Wasserlinse mit ihren nur 2 mm breiten Gliedern kann sich ggf. explosionsartig vermehren, so dass binnen Tagen ganze Seen grün werden. Oft werden sie an Entenküken verfüttert, daher auch der Name Entengrütze, Entengrün.

a Schilf   b Seerose
c **Wasserlinse**   d Wasserlilie

8d See – Pflanzen

Wasserlilie

Die Wasser- oder Schwertlilie ist mit ihren gelben Schwertlilienblüten unverwechselbar. Aus den walzenförmigen Fruchtkapseln platzen scheibenförmige Samen hervor, die mit Wind und Wasser verbreitet werden.

a Schilf   b Seerose
c Wasserlinse   d **Wasserlilie**

Vorlagen für weitere Karten:

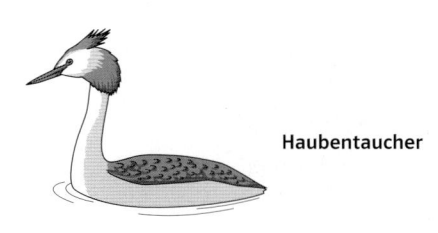

Haubentaucher

Baummarder

Arbeitsblätter Biologie

Lösung

Exotische Früchte, Nüsse und Gewürze

1 Ordne den abgebildeten Früchten, Nüssen und Gewürzen den richtigen der folgenden Namen zu:
Ananas, Avocado, Cashewnuss, Feige, Ingwer, Kakao, Kokosnuss, Mango, Muskatnuss, Paranuss, Pfeffer, Sternfrucht, Vanillie, Zimt.

2 Überlege und schreibe dann die Namen in die unten rechts stehenden Kästchen. Den stark umrandeten Feldern kannst du senkrecht gelesen den Namen einer weiteren Tropenfrucht entnehmen. Sie ist hier auch abgebildet.

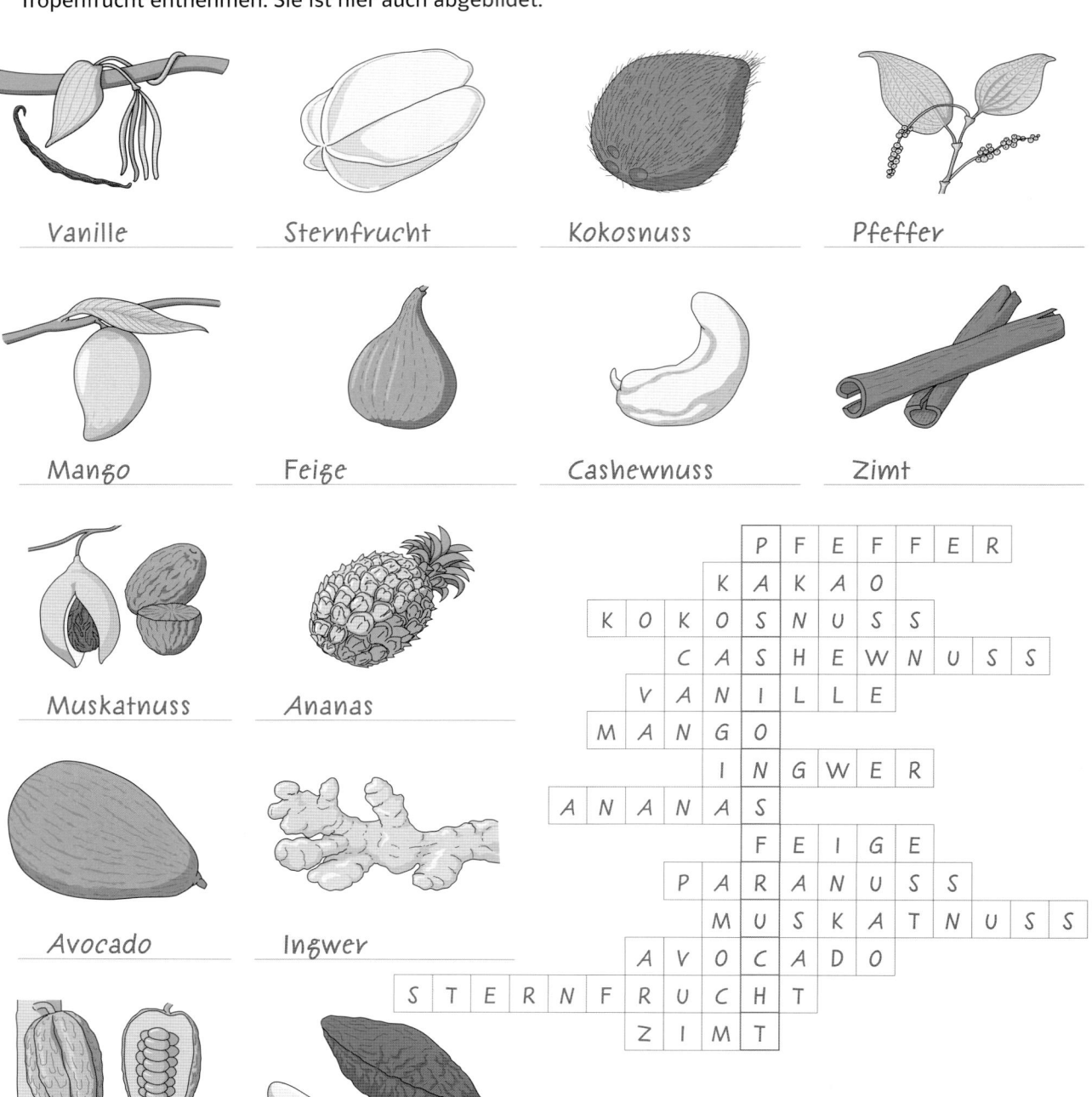

Vanille — Sternfrucht — Kokosnuss — Pfeffer

Mango — Feige — Cashewnuss — Zimt

Muskatnuss — Ananas

Avocado — Ingwer

Kakao — Paranuss

Kreuzworträtsel:
- PFEFFER
- KAKAO
- KOKOSNUSS
- CASHEWNUSS
- VANILLE
- MANGO
- INGWER
- ANANAS
- FEIGE
- PARANUSS
- MUSKATNUSS
- AVOCADO
- STERNFRUCHT
- ZIMT

22 Arbeitsblätter Biologie

Ökologie allgemein

Exotische Früchte, Nüsse und Gewürze

1 Ordne den abgebildeten Früchten, Nüssen und Gewürzen den richtigen der folgenden Namen zu:
Ananas, Avocado, Cashewnuss, Feige, Ingwer, Kakao, Kokosnuss, Mango, Muskatnuss, Paranuss, Pfeffer, Sternfrucht, Vanillie, Zimt.

2 Überlege und schreibe dann die Namen in die unten rechts stehenden Kästchen. Den stark umrandeten Feldern kannst du senkrecht gelesen den Namen einer weiteren Tropenfrucht entnehmen. Sie ist hier auch abgebildet.

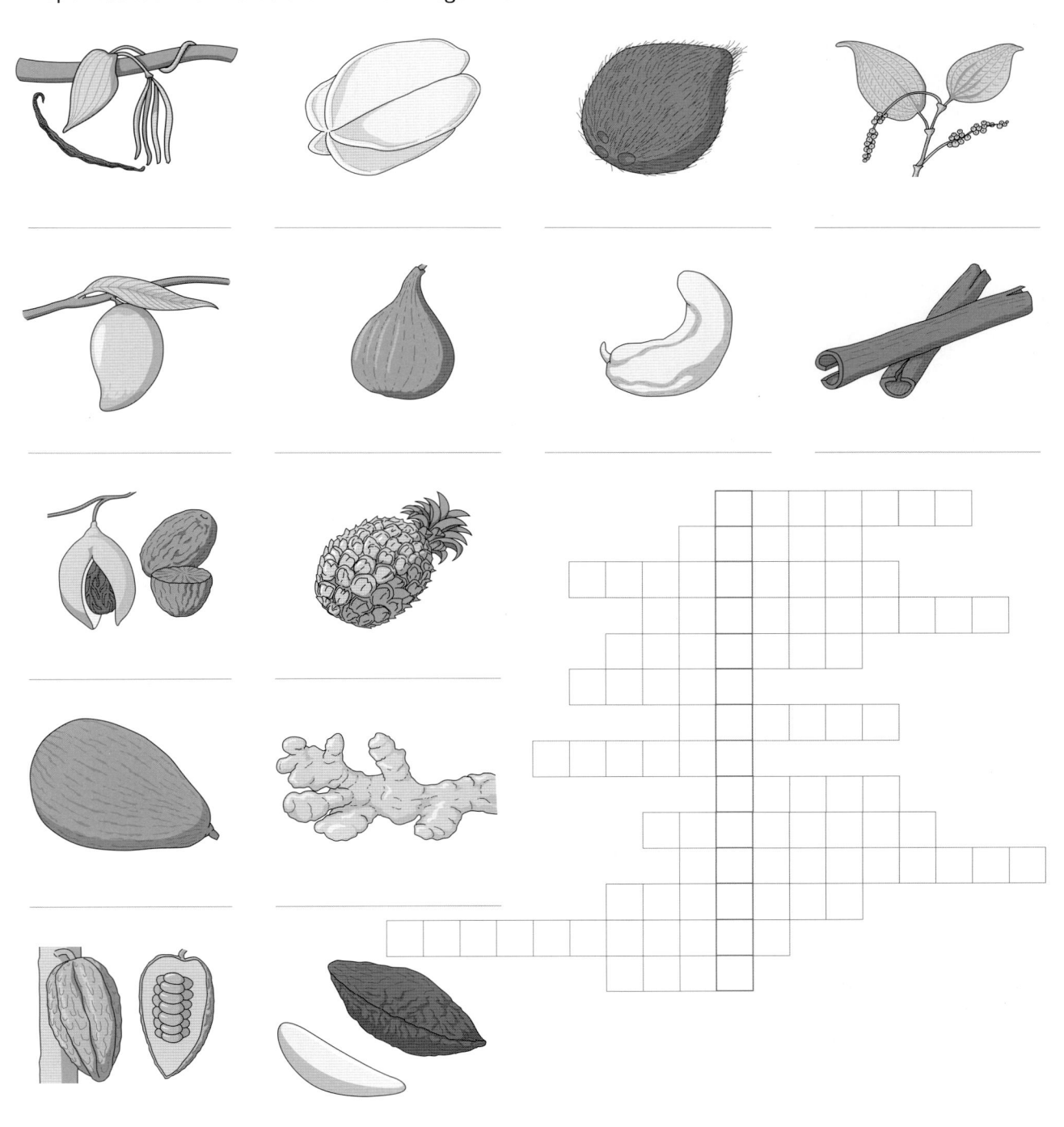

Arbeitsblätter Biologie

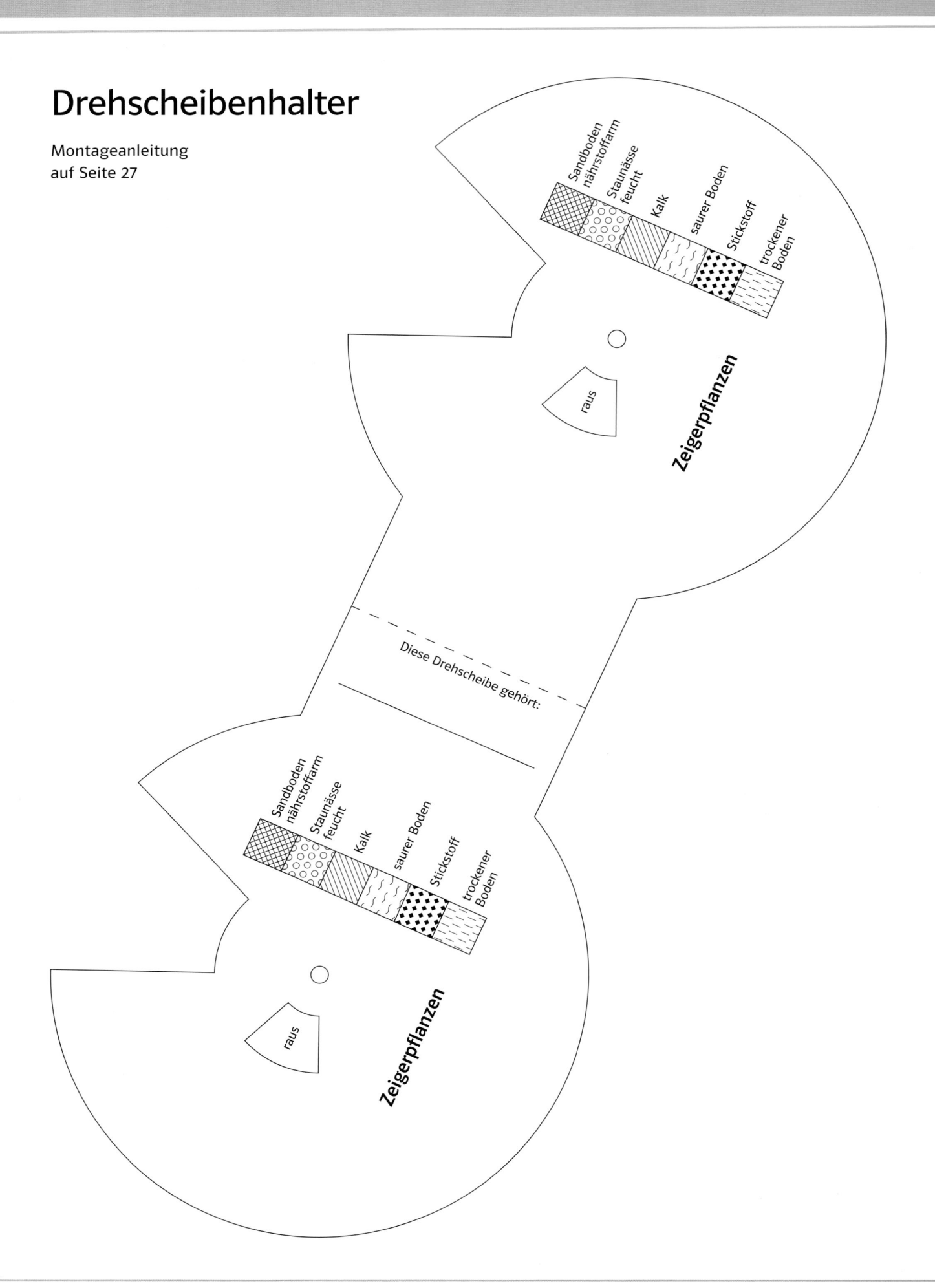

Drehscheibenhalter

Montageanleitung
auf Seite 27

Diese Drehscheibe gehört:

24 Arbeitsblätter Biologie

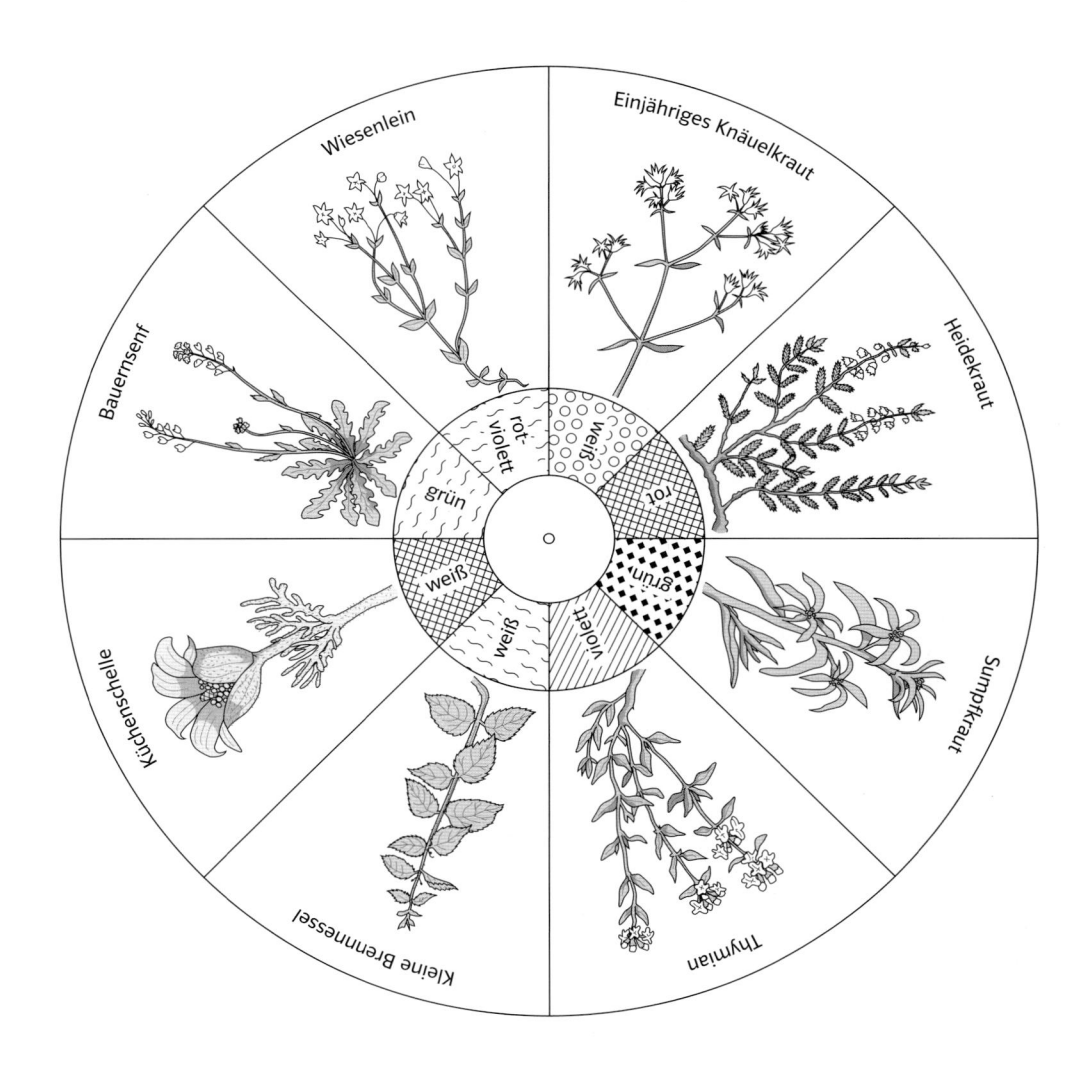

Zeigerpflanzen I

Information:
Viele Pflanzen wachsen auf Böden mit unterschiedlichsten Bedingungen, man nennt sie *Ubiquisten*. Hierzu zählt der Löwenzahn, der Spitz- und Breitwegerich. Letzterer wächst aber auch auf stark verdichteten Böden und kann es sogar vertragen, wenn er häufig platt getreten wird. Andere Arten zeigen jedoch durch ihr Auftreten, wie der Boden, auf dem sie wachsen, beschaffen ist. Solche Pflanzen nennt man *Zeigerpflanzen*.

Breitwegerich

Zeigerpflanzen II

Eines der Felder dieser Drehscheibe ist noch frei. Vielleicht gibt es in deiner Region einen speziellen Zeiger; ihn kannst du hier mit Hilfe deines Lehrers eintragen.

Ansonsten gibt es auch noch so viele weitere Zeigerpflanzen, dass du gegebenenfalls eine eigene regionale Scheibe zusammenstellen kannst. So zeigt auch die Wilde Malve oder die Ackerwinde Stickstoff, der Wundklee Kalk oder der Kleine Wiesenknopf trockene Standorte an.

Ökologie allgemein

Zeigerpflanzen III

Montageanleitung:

Schneide eine der Scheiben grob aus und klebe sie vollflächig auf einen dünnen Karton (alter Heftumschlag). Schneide nun genau aus und hinterklebe mit einer zweiten Scheibe. Es spielt keine Rolle, wie die Scheiben zueinander stehen. Hauptsache, sie sitzen genau aufeinander. Ebenso kannst du mit einem weiteren Scheibenpaar verfahren.

Den Drehscheibenhalter musst du vollflächig auf dünnen Karton kleben und dann sehr sauber ausschneiden. An der gestrichelten Linie wird er geknickt und vorsichtig durchbohrt, genau wie die Scheiben.

Vor der Endmontage solltest du die Teile in Absprache mit deinem Lehrer bunt malen — z. B. die Blütenfarben. (Sie sind für jede Pflanze im inneren Kreis angeführt).

Wenn du eine Briefkuvertklammer mit rundem Köpfchen verwendest, lassen sich die Scheiben leicht drehen und auch einfach auswechseln, sofern du nur einen Halter gebastelt hast.

Wenn du die Scheibe im Freien benutzen willst, empfiehlt es sich, vor der Endmontage alle Teile mit einer selbstklebenden Bucheinbinderfolie zu überziehen.

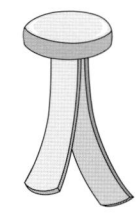

Kurvertklammer

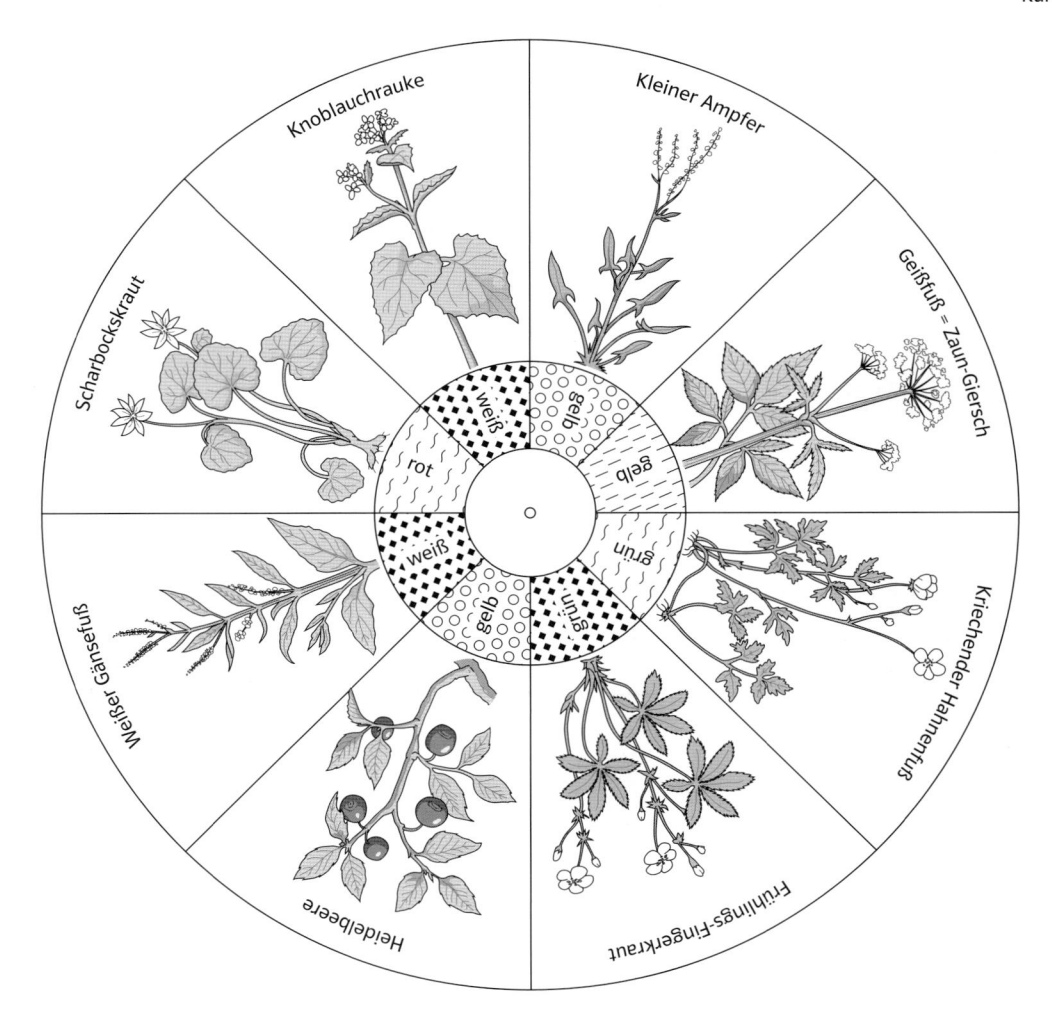

Arbeitsblätter Biologie

Zeigerpflanzen IV

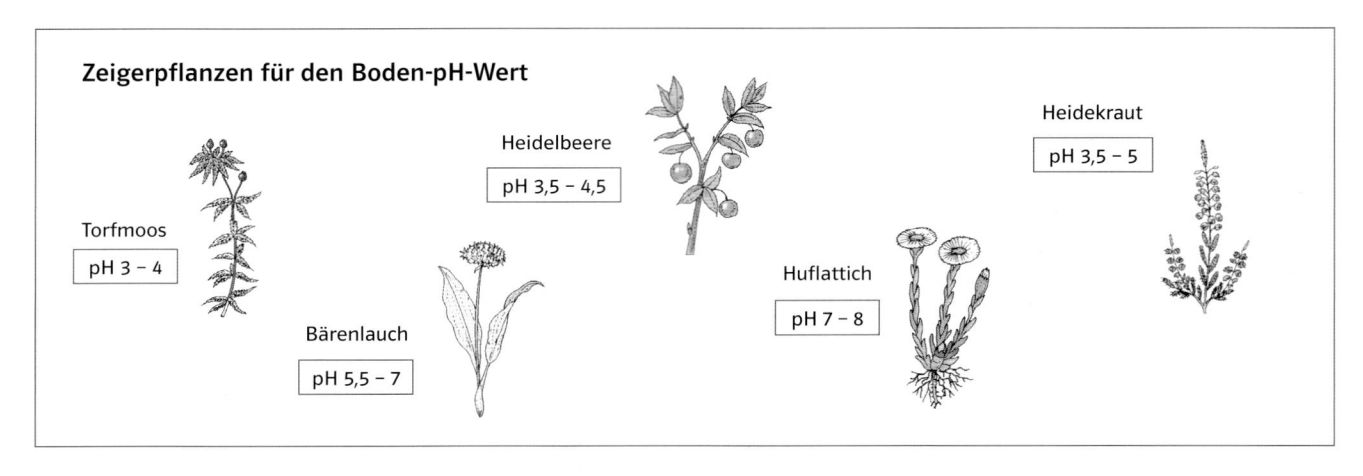

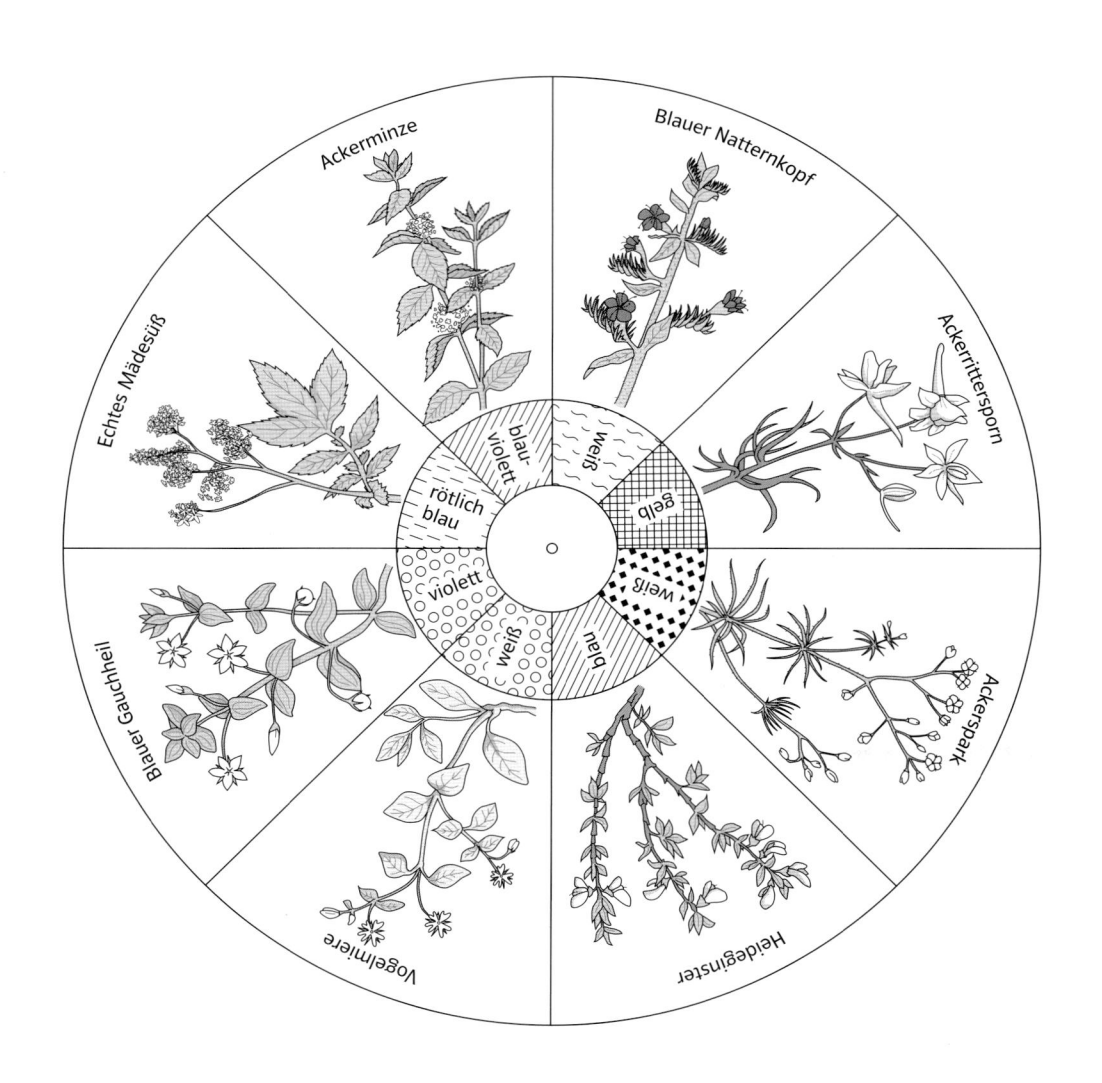

Zeigerpflanzen für den Boden-pH-Wert

Torfmoos — pH 3 – 4

Heidelbeere — pH 3,5 – 4,5

Bärenlauch — pH 5,5 – 7

Huflattich — pH 7 – 8

Heidekraut — pH 3,5 – 5

Ackerminze

Blauer Natternkopf

Ackerrittersporn

Ackerspark

Heideginster

Vogelmiere

Blauer Gauchheil

Echtes Mädesüß

Innenkreis (Blütenfarben): blau violett, weiß, gelb, weiß, blau, weiß, violett, rötlich blau

28 Arbeitsblätter Biologie

Ökologie allgemein

Ökologie eingemacht

Hin und wieder sieht man sie in großen Blumengeschäften — die anspruchsvollen Flaschengärten zu stolzen Preisen. Einen kleinen, bescheideneren Flaschengarten können wir uns aber leicht selbst gestalten.

Materialien: Glas mit mindestens drei Litern Inhalt, Holzkohle, Blumenerde oder Waldboden, Folie, Gummiband, verlängerter Löffel und Gabel, verschiedene kleine Moospolster und langsam wachsende, feuchtigkeitsliebende Pflanzen.

Herstellung: Das Glas wird mit einer guten Schicht Holzkohle gefüllt, darauf kommt eine Schicht Blumenerde oder Waldboden, die Füllung sollte jetzt nicht mehr als ein Viertel des Glases ausmacht. Mit Hilfe des Bestecks wird nun gepflanzt; Moospolster, Farne, Efeu oder andere Pflanzen. Nach dem Angießen wird der Flaschengarten mit Folie und Gummiband verschlossen.

Standort, Pflege: Das Glas muss hell stehen, nicht jedoch in der prallen Sonne. Pflege ist nur erforderlich, wenn das Glas innen beschlägt, dann wird kurzzeitig gelüftet.
Bei geeigneter Auswahl und gutem Standort gedeiht der Flaschengarten viele Monate.

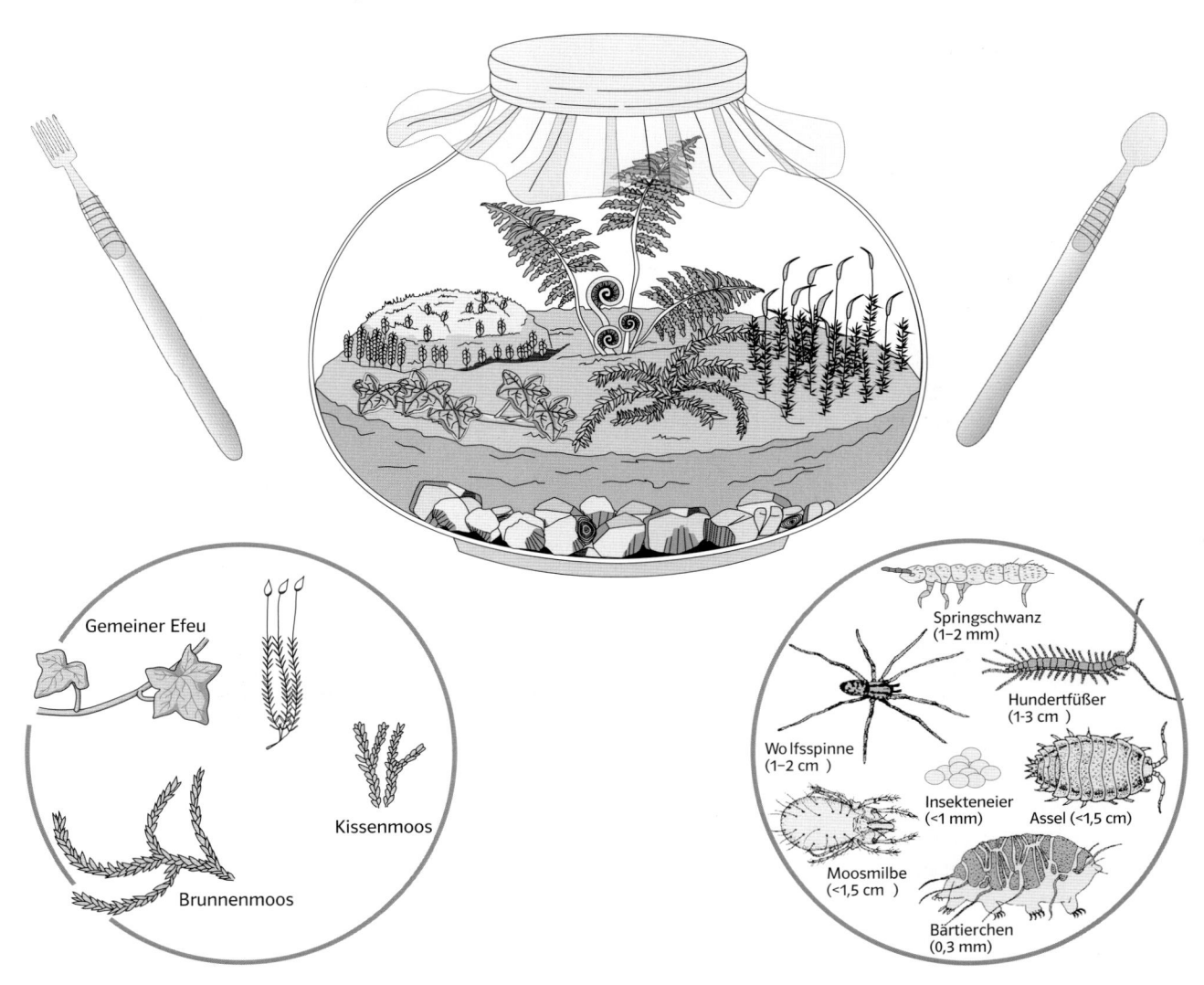

Beobachtungen/Untersuchungen: Veränderungen von Lufttemperatur, Lichtintensität, Bodenfeuchte und Boden-pH-Werte können gemessen werden. Eine Untersuchung der Tiere im Moos und Boden ist denkbar und sinnvoll. Sich ändernde Bedingungen ziehen Änderungen in der Biozönose Flaschengarten nach sich.

Lösung

Die Wüste lebt

Identifiziere die Wüstenbewohner und erstelle kleine Steckbriefe, die die besondere Anpassung der Tiere an den Lebensraum Wüste verdeutlichen. Berücksichtige Kriterien wie: Gestalt (G), Nahrung (N), Fortbewegung (F), Vermehrung (V), Wasserhaushalt (W) und Aktivität (A).

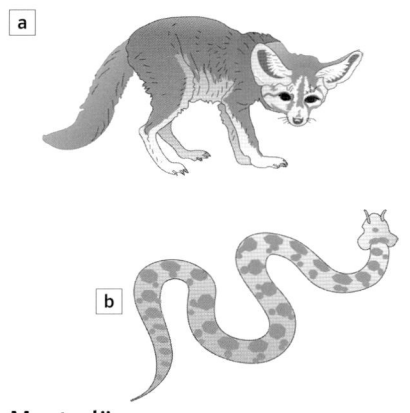

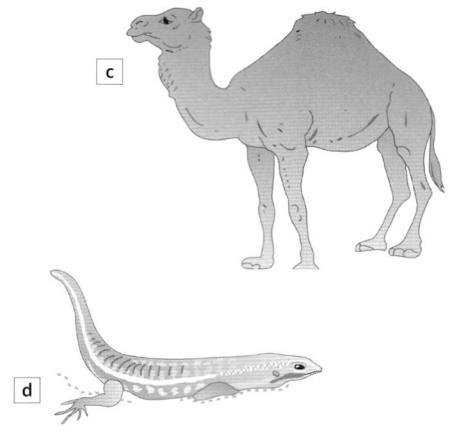

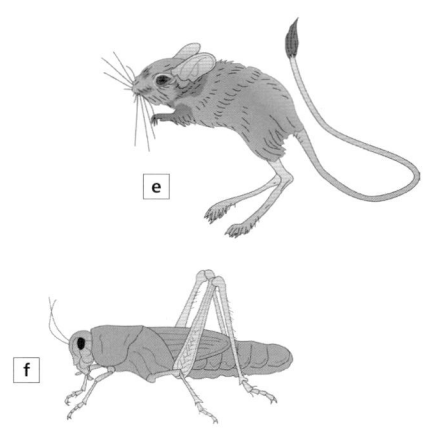

Musterlösungen:

a Fennek
Hundeartige (Landraubtiere)
- G: hellbraun, auffallend große Ohren, dichtes Fell
- N: Heuschrecken, Käfer, Mäuse, andere Kleintiere, geortet über das Gehör
- F: laufen, springen
- V: 2 bis 5 blinde Jungtiere
- W: Flüssigkeit aus der Nahrung, konzentrierter Urin
- A: nachtaktiv, tagsüber im Sandbau

c Dromedar
Kamele (Paarhufer)
- G: braunes, dichtes, wolliges Fell, ein Rückenhöcker aus Fettgewebe, kleine Ohren und Nasenlöcher verschließbar
- N: pflanzliche Fütterung (Haustiere), Wiederkäuer
- F: laufen
- V: 1 Junges nach 13 Monaten Tragzeit
- W: können tagelang dursten, wobei das Blut dünnflüssig bleibt, trinken danach Unmengen
- A: tagsüber: Körpertemeratur bis 40 °C, nachts: Absinken auf 34° C

e Wüstenspringmaus
Springmausartige (Nagetiere)
- G: hellbraun, lange Hinterbeine mit Haarbürsten zum Wegschleudern des Sandes beim Höhlenbau, große Ohren
- N: Pflanzen, Samen, Insekten
- F: springend
- V: 1 bis 5 Junge in Nestkammer
- W: benötigt kaum Trinkwasser, Wasser aus der Zellatmung deckt bis zu 90 % des Wasserbedarfs
- A: nachtaktiv, tagsüber in Höhlen, deren Bauweise Temperaturschwankungen ausgleicht

b Hornviper
Vipern (Schlangen)
- G: sandgelb, Schuppendorn über dem Auge
- N: Nagetiere, Eidechsen
- F: „Seitenwinder": Seitwärtsbewegung, Sandboden berühren, blitzschnelles Eingraben durch Rippenbewegung
- V: eierlegend
- W: über die Nahrung
- A: dämmerungsaktiv, tagsüber eingegraben

d Sandskink
Glattechsen (Eidechsen)
- G: sandfarben, Beine kurz, glattes Schuppenkleid, unterständiger Mund
- N: Heuschrecken, Käfer, Tausenfüßer
- F: „schwimmen" im Sand („Sandfisch")
- V: lebendgebärend
- W: Feuchtigkeit aus der Nahrung
- A: tagaktiv

f Wüstenheuschrecke
Feldheuschrecken (Insekten)
- G: Farbe wechselhaft
- N: pflanzlich
- F: springend, fliegend
- V: einzeln lebend oder nach Massenvermehrung Wanderphasen in riesigen Schwärmen
- W: Wasser aus der Zellatmung deckt den Bedarf
- A: tagsüber, wasserdurchlässiger Chitinpanzer ermöglicht Verdunstungskühlung (Vorzugstemperatur 32 °C bis 43 °C

Ökologie allgemein

Die Wüste lebt

Identifiziere die Wüstenbewohner und erstelle kleine Steckbriefe, die die besondere Anpassung der Tiere an den Lebensraum Wüste verdeutlichen. Berücksichtige Kriterien wie: Gestalt (G), Nahrung (N), Fortbewegung (F), Vermehrung (V), Wasserhaushalt (W) und Aktivität (A).

a

b

c

d

e

f

Lösung

Ästuare

1 Falls du für diesen selten gebrauchten Fachbegriff „Ästuare" keine Erklärung parat hast, so schlage in einem Lexikon nach und notiere die Definition.

Ein Ästuar ist der Mündungsbereich eines Flusses ins Meer, wo der Tidenhub (Wechsel zwischen Ebbe und Flut) und auch die Vermischung von Süßwasser mit Salzwasser starke Schwankungen im Salzgehalt des Wassers verursachen.

2 Wo kann man in Deutschland ausgeprägte Ästuare finden?

Nordseeküste: Mündungen von Elbe, Weser, Jade (Jadebusen) und Ems (Dollart)

3 Mit welchen Problemen müssen Lebewesen, die in Ästuaren leben, fertig werden?

schwankender Salzgehalt, wechselnde Strömungen, Wassertiefe, Temperatur

4 Obwohl Fische eine feste, wenig durchlässige Körperoberfläche besitzen, haben sie ständigen Kontakt mit dem Wasser über ihren Kiemen. Ist der Salzgehalt des Fisches geringer als der des Brackwassers (Salzgehalt bis 2%), so verliert er ständig Wasser und schrumpft, also vertrocknet. Ist der Salzgehalt höher als der des Brackwassers, so dringt Wasser in den Fisch ein und er droht zu platzen.
Fische, die in Ästuaren leben, müssen also aktive Mechanismen besitzen, die solche Veränderungen vermeiden. Die meisten marinen Knochenfische stammen von Süßwasserformen ab. Mit welchem der beiden Probleme haben die Tiere also bevorzugt zu kämpfen?

Wasserverlust und damit „Vertrocknung"

5 Wie könnten Fische diesem Problem begegnen?

Trinken von Meerwasser und aktive Salzausscheidung über Kiemen

6 Benenne einige typische Brackwassertiere.

Seepocken, Herzmuscheln, Flunder

7 Ästuare erlauben einigen Tierarten den langsamen Übergang von Süß- zu Salzwasser bzw. umgekehrt. Zwei bekannte Fischarten können durch Umstellung ihrer Ionentransportmechanismen Ästuare überwinden. Nenne sie und gib die Art des Wassers an, in dem die Tiere dann jeweils sind.

Erwachsener Lachs (Meer) in Quellgebiete (Süßwasser) zum Laichen

Erwachsener Aal (Flüsse), Laichwanderung zur Sargassosee (Meer)

Ästuare

1 Falls du für diesen selten gebrauchten Fachbegriff „Ästuare" keine Erklärung parat hast, so schlage in einem Lexikon nach und notiere die Definition.

2 Wo kann man in Deutschland ausgeprägte Ästuare finden?

3 Mit welchen Problemen müssen Lebewesen, die in Ästuaren leben, fertig werden?

4 Obwohl Fische eine feste, wenig durchlässige Körperoberfläche besitzen, haben sie ständigen Kontakt mit dem Wasser über ihren Kiemen. Ist der Salzgehalt des Fisches geringer als der des Brackwassers (Salzgehalt bis 2%), so verliert er ständig Wasser und schrumpft, also vertrocknet. Ist der Salzgehalt höher als der des Brackwassers, so dringt Wasser in den Fisch ein und er droht zu platzen.
Fische, die in Ästuaren leben, müssen also aktive Mechanismen besitzen, die solche Veränderungen vermeiden. Die meisten marinen Knochenfische stammen von Süßwasserformen ab. Mit welchem der beiden Probleme haben die Tiere also bevorzugt zu kämpfen?

5 Wie könnten Fische diesem Problem begegnen?

6 Benenne einige typische Brackwassertiere.

7 Ästuare erlauben einigen Tierarten den langsamen Übergang von Süß- zu Salzwasser bzw. umgekehrt. Zwei bekannte Fischarten können durch Umstellung ihrer Ionentransportmechanismen Ästuare überwinden. Nenne sie und gib die Art des Wassers an, in dem die Tiere dann jeweils sind.

Lösung

Korallenriffe

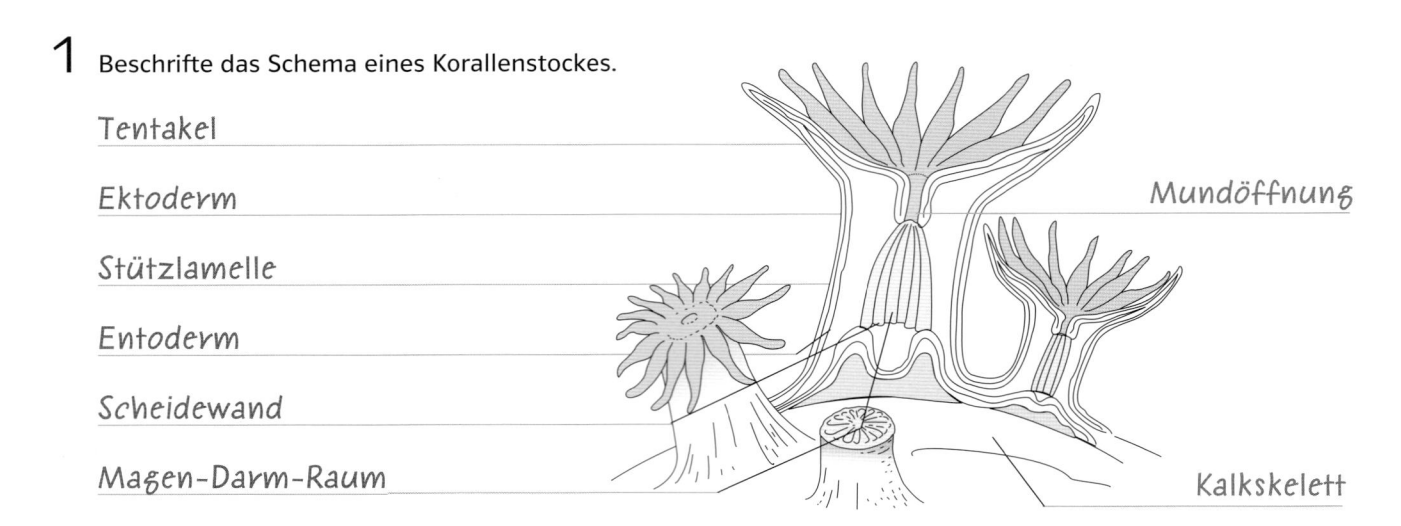

1 Beschrifte das Schema eines Korallenstockes.

Tentakel

Ektoderm

Stützlamelle

Entoderm

Scheidewand

Magen-Darm-Raum

Mundöffnung

Kalkskelett

2 Gib die systematische Zugehörigkeit von Korallen an.

Unterreich Vielzeller, Stamm Nesseltiere, Klasse Korallentiere

Information:
Die sensiblen Korallenriffe gehören zusammen mit dem Regenwald zu den ältesten Ökosystemen der Welt (500 Mio. Jahre). Es sind die größten Bauwerke, die je von Lebewesen errichtet wurden. Die winzigen Korallenpolypen sind Planktonfiltrierer und leben in Symbiose mit Algen. Ringförmige Riffe haben sich um (vulkanische) Inseln gebildet. Mit dem Absinken der Inseln durch Erdbewegungen wandelten sich manche Saumriffe zu Wallriffen und Atollen (vgl. Abb. a – c). Das eingeschlossene Wasser ihrer Lagunen „versüßt" und die Korallen auf der Innenseite sterben. Heute sind die empfindlichen Ökosysteme nicht nur bedroht, sondern z.T. schon zerstört.

a Saumriff Insel tote/lebende Korallenstöcke

b Wallriff

c Atoll Lagune

3 Mache Angaben darüber, wodurch Korallenriffe zerstört werden.

Französische Atomtests auf Mururoa-Atollen (95/96), Überfischung (z.T. mit Dynamit), Abbruch der Riffe als Baumaterial, Versandung und Verschlickung durch Bodenerosion und Motorbootverkehr, Wasserverschmutzung und Wassertrübung, Korallen- und Sporttaucher, höherer Kohlenstoffdioxid-Eintrag durch globale Erwärmung/Treibhauseffekt und Brandrodung der Regenwälder, Dornkronenseestern

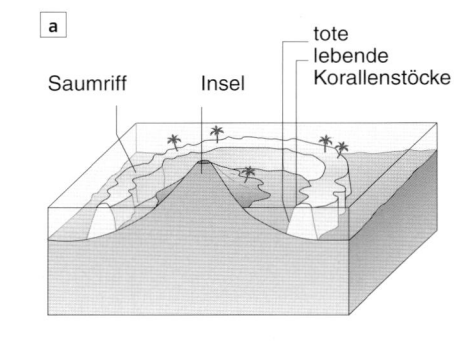

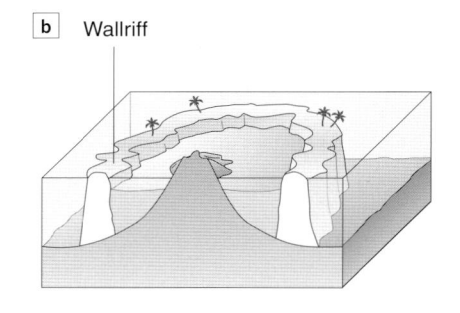

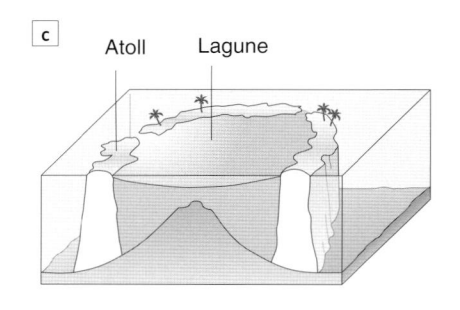

Aquatische Ökosysteme

Korallenriffe

1 Beschrifte das Schema eines Korallenstockes.

2 Gib die systematische Zugehörigkeit von Korallen an.

Information:
Die sensiblen Korallenriffe gehören zusammen mit dem Regenwald zu den ältesten Ökosystemen der Welt (500 Mio. Jahre). Es sind die größten Bauwerke, die je von Lebewesen errichtet wurden. Die winzigen Korallenpolypen sind Planktonfiltrierer und leben in Symbiose mit Algen. Ringförmige Riffe haben sich um (vulkanische) Inseln gebildet. Mit dem Absinken der Inseln durch Erdbewegungen wandelten sich manche Saumriffe zu Wallriffen und Atollen (vgl. Abb. a – c). Das eingeschlossene Wasser ihrer Lagunen „versüßt" und die Korallen auf der Innenseite sterben. Heute sind die empfindlichen Ökosysteme nicht nur bedroht, sondern z.T. schon zerstört.

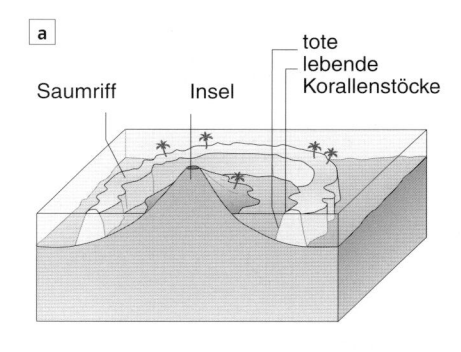

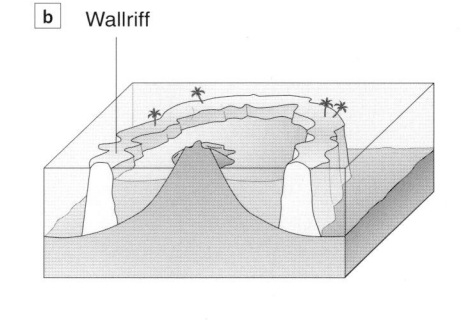

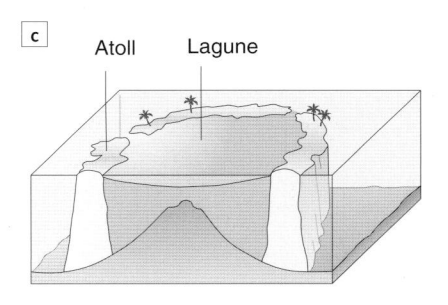

a Saumriff, Insel, tote lebende Korallenstöcke

b Wallriff

c Atoll, Lagune

3 Mache Angaben darüber, wodurch Korallenriffe zerstört werden.

Lösung

Nahrungsnetz im See

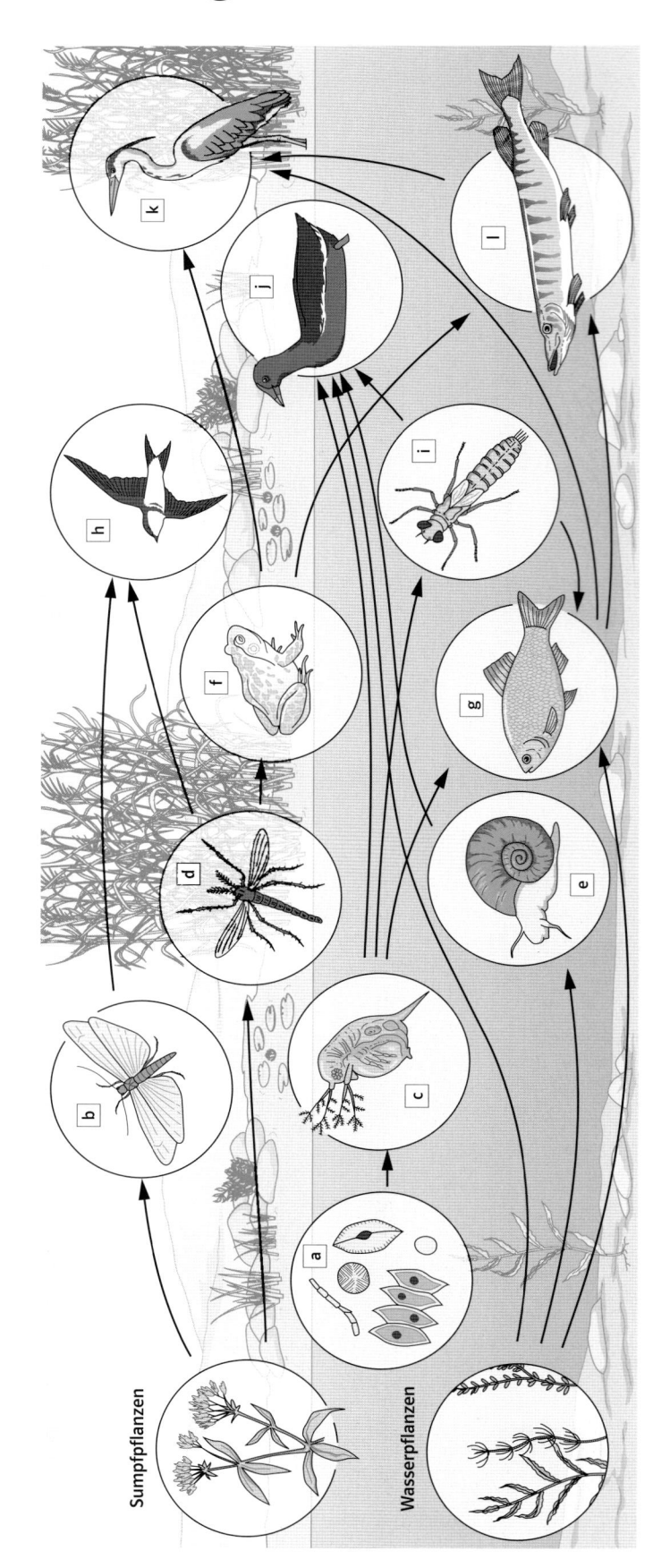

Sumpfpflanzen

Wasserpflanzen

1 Bestimme die Lebewesen.

2 Ordne ihnen dabei jeweils folgende Angaben zu: Produzent (P), Reduzent (R), Konsument I. Ordnung (Pflanzenfresser) (K1), Konsument höherer Ordnung (Fleischfresser) (K2).

3 Stelle durch Pfeile die Nahrungsbeziehungen her.

a	Algen P	d	Zuckermücke K1	g	Rotfeder K1, K2	j	Teichralle K1, K2
b	Köcherfliege K1	e	Wasserschnecke K1	h	Schwalbe K2	k	Graureiher K2
c	Wasserfloh K1	f	Wasserfrosch K2	i	Libellenlarve K2	l	Hecht K2

36 Arbeitsblätter Biologie

Aquatische Ökosysteme

Nahrungsnetz im See

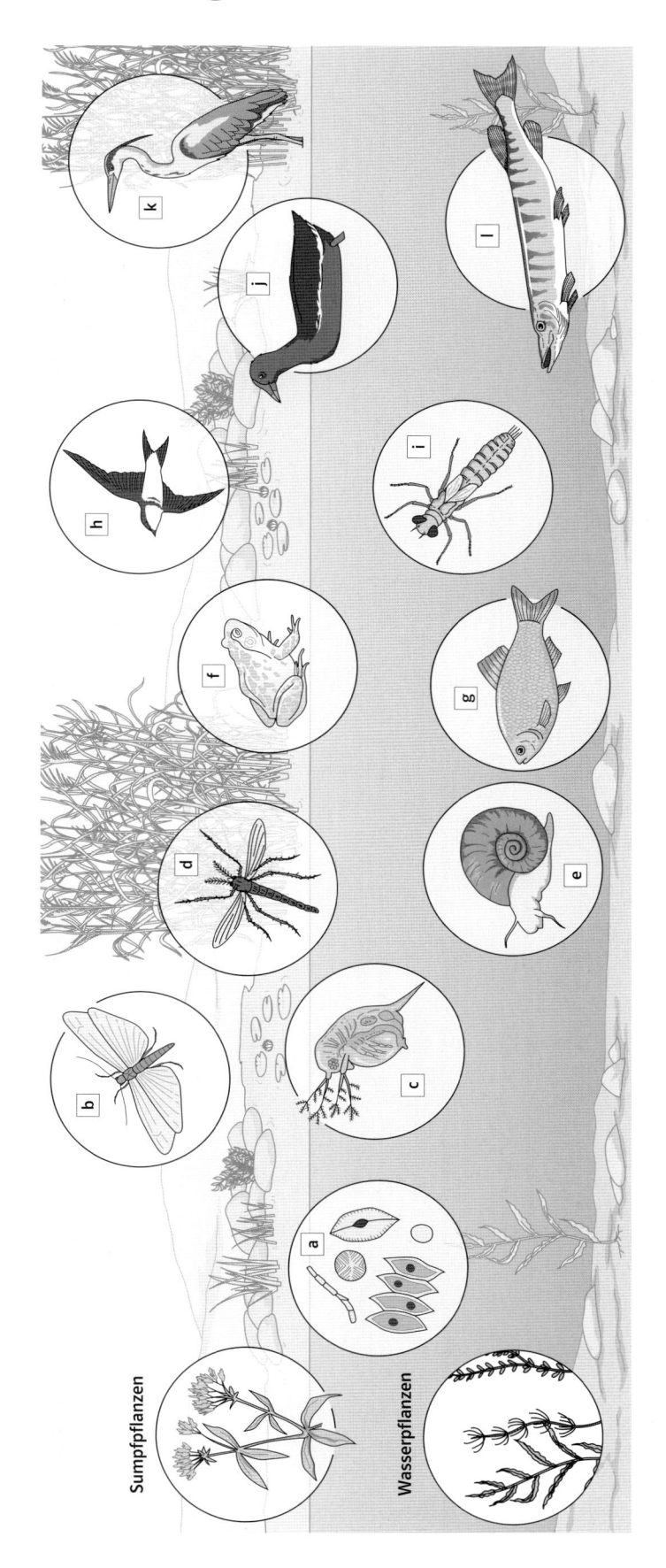

Sumpfpflanzen

Wasserpflanzen

1 Bestimme die Lebewesen.

2 Ordne ihnen dabei jeweils folgende Angaben zu: Produzent (P), Reduzent (R), Konsument I. Ordnung (Pflanzenfresser) (K1), Konsument höherer Ordnung (Fleischfresser) (K2).

3 Stelle durch Pfeile die Nahrungsbeziehungen her.

a _____ d _____ g _____ j _____

b _____ e _____ h _____ k _____

c _____ f _____ i _____ l _____

© Ernst Klett Verlag GmbH, Stuttgart 2010. Als Kopiervorlage freigegeben.   Arbeitsblätter Biologie   37

Lösung

Die Pflanzengesellschaften des Ufers

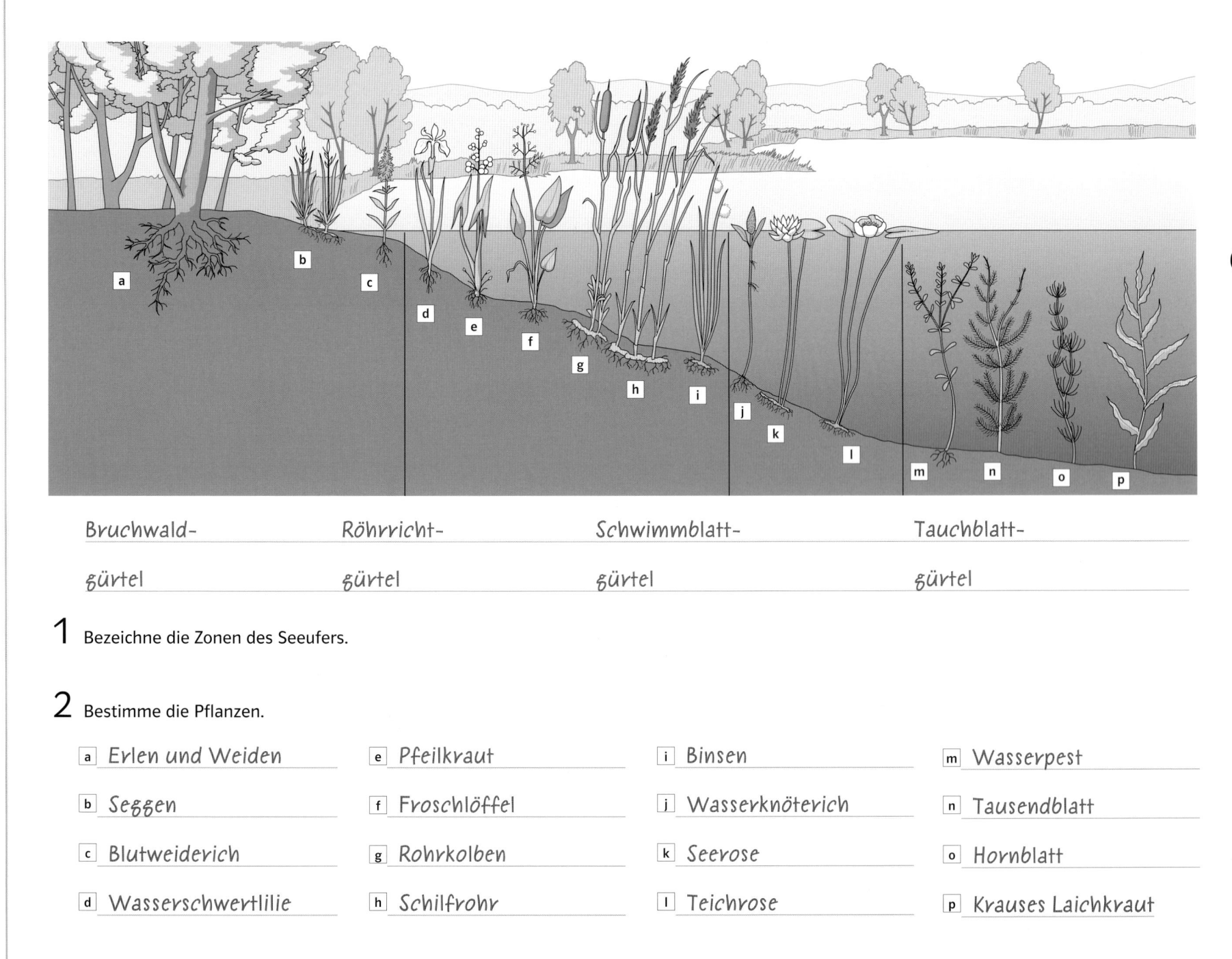

Bruchwald-gürtel   Röhrricht-gürtel   Schwimmblatt-gürtel   Tauchblatt-gürtel

1 Bezeichne die Zonen des Seeufers.

2 Bestimme die Pflanzen.

- a Erlen und Weiden
- b Seggen
- c Blutweiderich
- d Wasserschwertlilie
- e Pfeilkraut
- f Froschlöffel
- g Rohrkolben
- h Schilfrohr
- i Binsen
- j Wasserknöterich
- k Seerose
- l Teichrose
- m Wasserpest
- n Tausendblatt
- o Hornblatt
- p Krauses Laichkraut

38 Arbeitsblätter Biologie

Aquatische Ökosysteme

Die Pflanzengesellschaften des Ufers

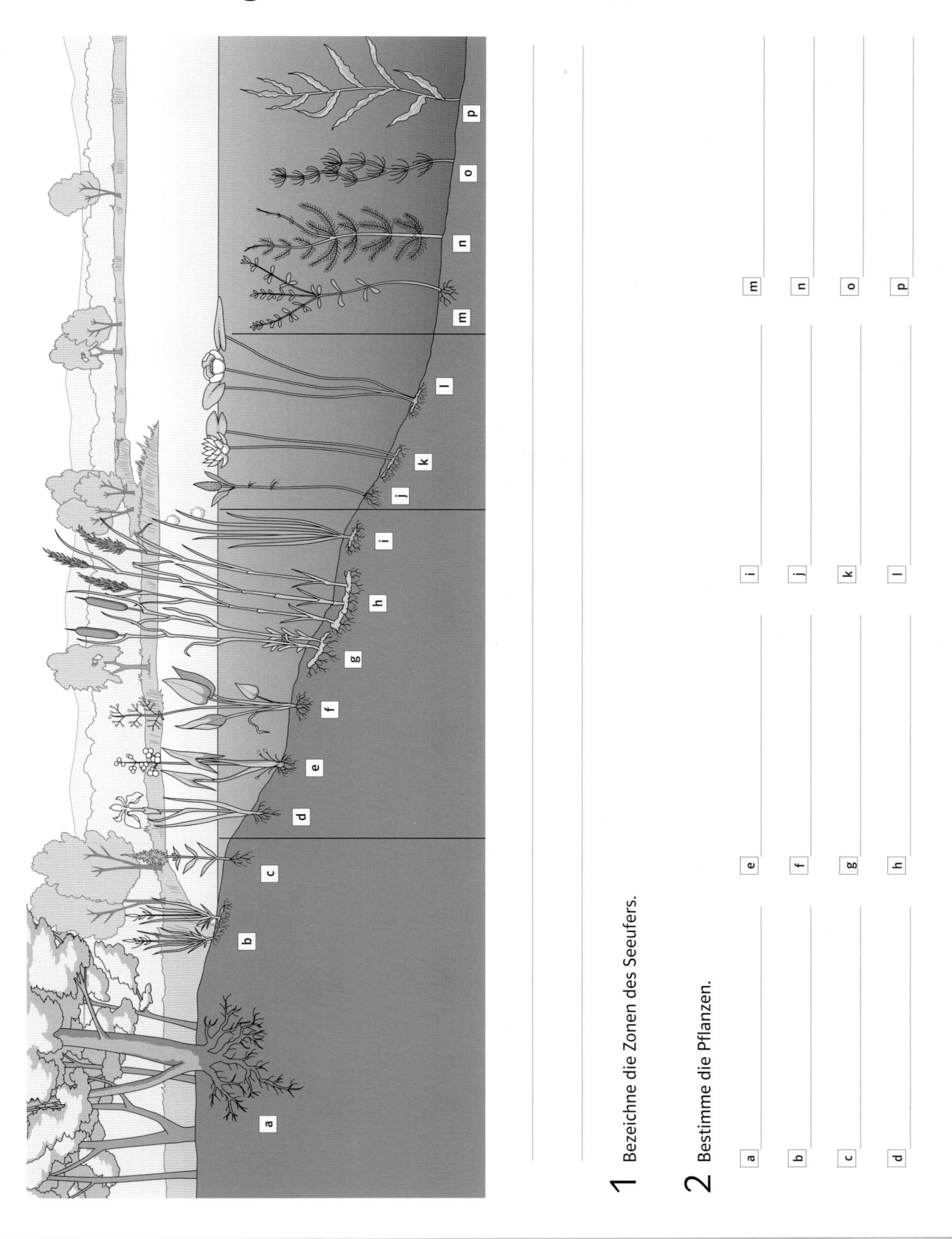

1 Bezeichne die Zonen des Seeufers.

2 Bestimme die Pflanzen.

a	e	i	m
b	f	j	n
c	g	k	o
d	h	l	p

Arbeitsblätter Biologie 39

© Ernst Klett Verlag GmbH, Stuttgart 2010. Als Kopiervorlage freigegeben.

Lösung

Stoffkreislauf im Teich

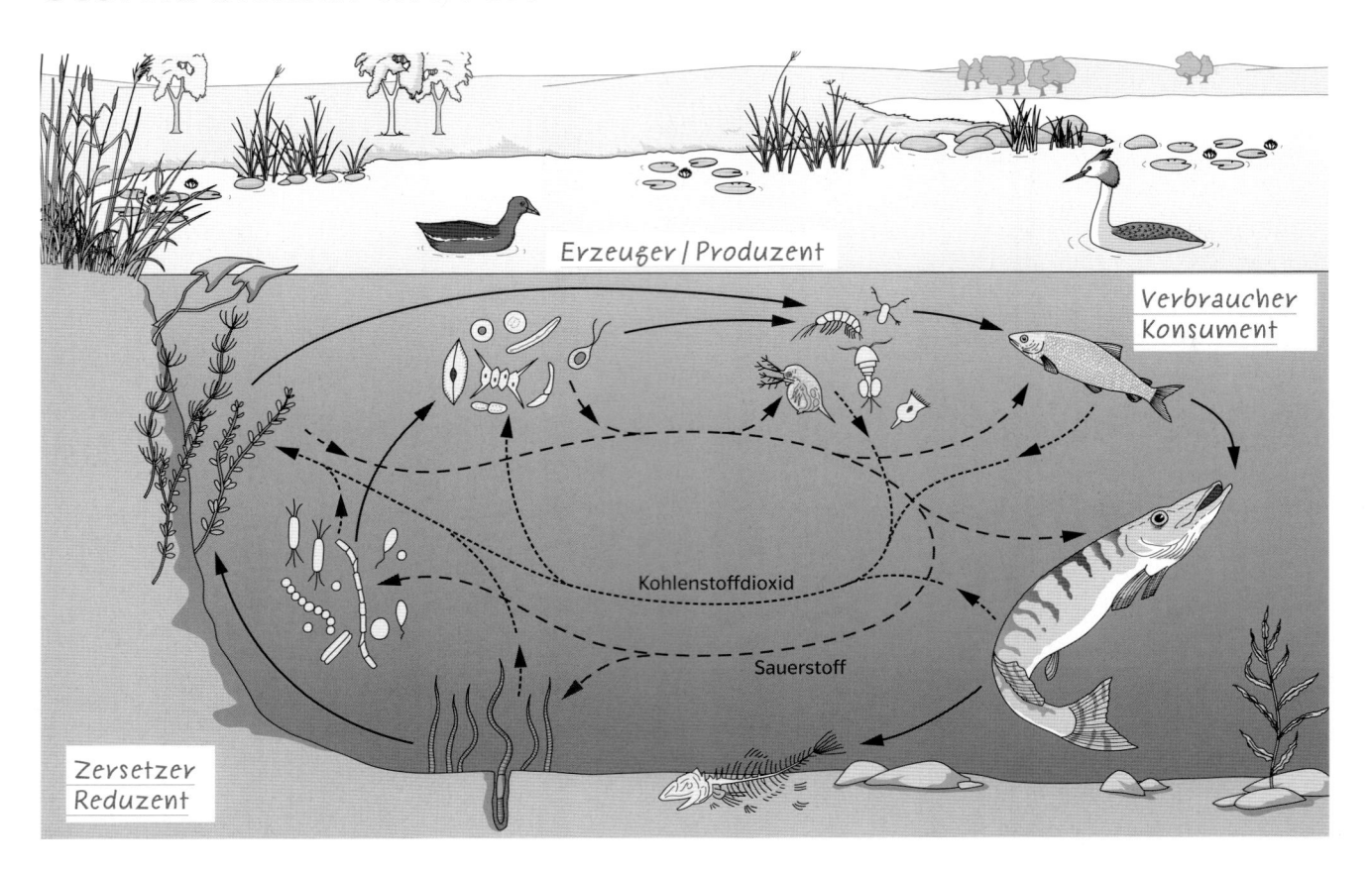

Erzeuger / Produzent

Verbraucher / Konsument

Kohlenstoffdioxid

Sauerstoff

Zersetzer / Reduzent

1 a Gib mit dünnen schwarzen Pfeilen die Nahrungsbeziehungen an.
b Gib mit gestrichelten roten Pfeilen den Kohlenstoffdioxidkreislauf an.
c Gib mit gepunkteten blauen Pfeilen den Sauerstoffkreislauf an.

2 Bennene die drei Gruppen von Lebewesen in der Skizze und definiere sie.

Produzenten beherrschen die Fotosynthese, d.h.: Sie stellen aus energiearmen, anorganischen Stoffenn mit Hilfe von Blattgrün und Lichtenergie energiereiche, organische Substanz her (Autotrophie).

Konsumenten sind auf die organische, energiereiche Substanz der Erzeuger oder an derer Verbraucher angewiesen. Sie setzen die Energie aus der Nahrung für sich selbst frei (Heterotrophie).

Reduzenten führen tote, organische Substanz zurück in anorganische Stoffe, die den Erzeugern dann wieder zur Verfügung stehen (Saprotrophie).

Aquatische Ökosysteme

Stoffkreislauf im Teich

1 a Gib mit dünnen schwarzen Pfeilen die Nahrungsbeziehungen an.
b Gib mit gestrichelten roten Pfeilen den Kohlenstoffdioxidkreislauf an.
c Gib mit gepunkteten blauen Pfeilen den Sauerstoffkreislauf an.

2 Bennene die drei Gruppen von Lebewesen in der Skizze und definiere sie.

Drehscheibenhalter

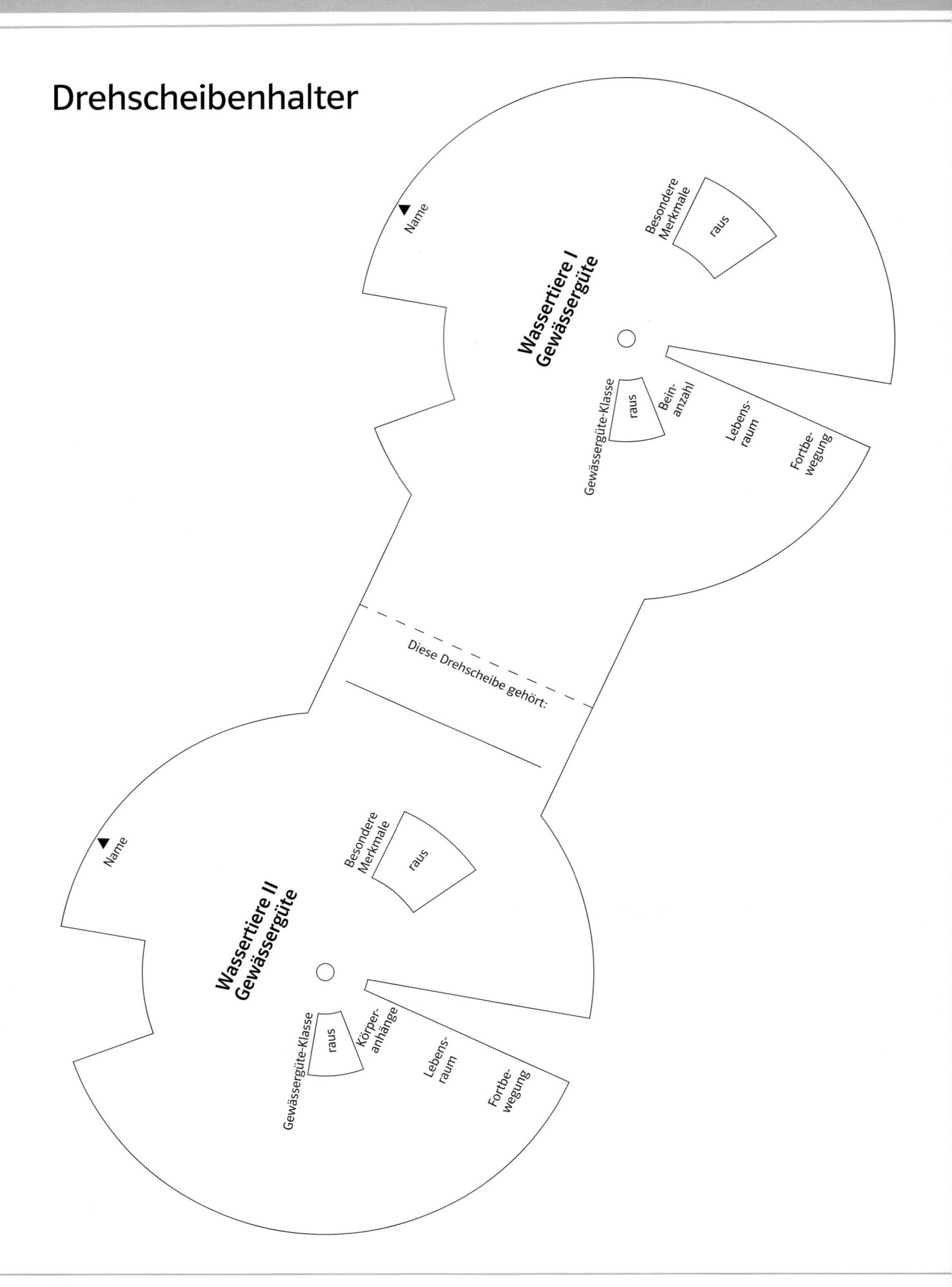

Wassertiere I
Gewässergüte

- Name
- Besondere Merkmale — raus
- Gewässergüte-Klasse — raus
- Beinanzahl
- Lebensraum
- Fortbewegung

Diese Drehscheibe gehört: _____

Wassertiere II
Gewässergüte

- Name
- Besondere Merkmale — raus
- Gewässergüte-Klasse — raus
- Körperanhänge
- Lebensraum
- Fortbewegung

42 Arbeitsblätter Biologie

Aquatische Ökosysteme

Wassertiere I — Gewässergüte

Montageanleitung:

Schneide eine der Scheiben grob aus und klebe sie vollflächig auf einen dünnen Karton (alter Heftumschlag). Schneide nun genau aus und hinterklebe mit einer zweiten Scheibe. Es spielt keine Rolle, wie die Scheiben zueinander stehen, Hauptsache, sie sitzen genau aufeinander.

Den Drehscheibenhalter musst du vollflächig auf dünnen Karton kleben und dann sehr sauber ausschneiden. An der gestrichelten Linie wird er sauber geknickt und dann vorsichtig durchbohrt, genau wie die Scheiben. Vor der Endmontage solltest du die Teile in Absprache mit deinem Lehrer bunt malen – z. B. die Gewässergüteklassen (s. S. 44 oben). Wenn du eine Briefkuvertklammer mit rundem Köpfchen verwendest, lassen sich die Scheiben leicht drehen und auch einfach auswechseln.

Wenn du die Scheiben im Freien benutzen willst, empfiehlt es sich, vor der Endmontage alle Teile mit einer selbstklebenden Bucheinbindefolie zu überziehen.

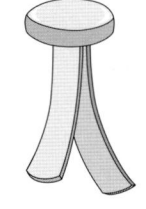

Kurvertklammer

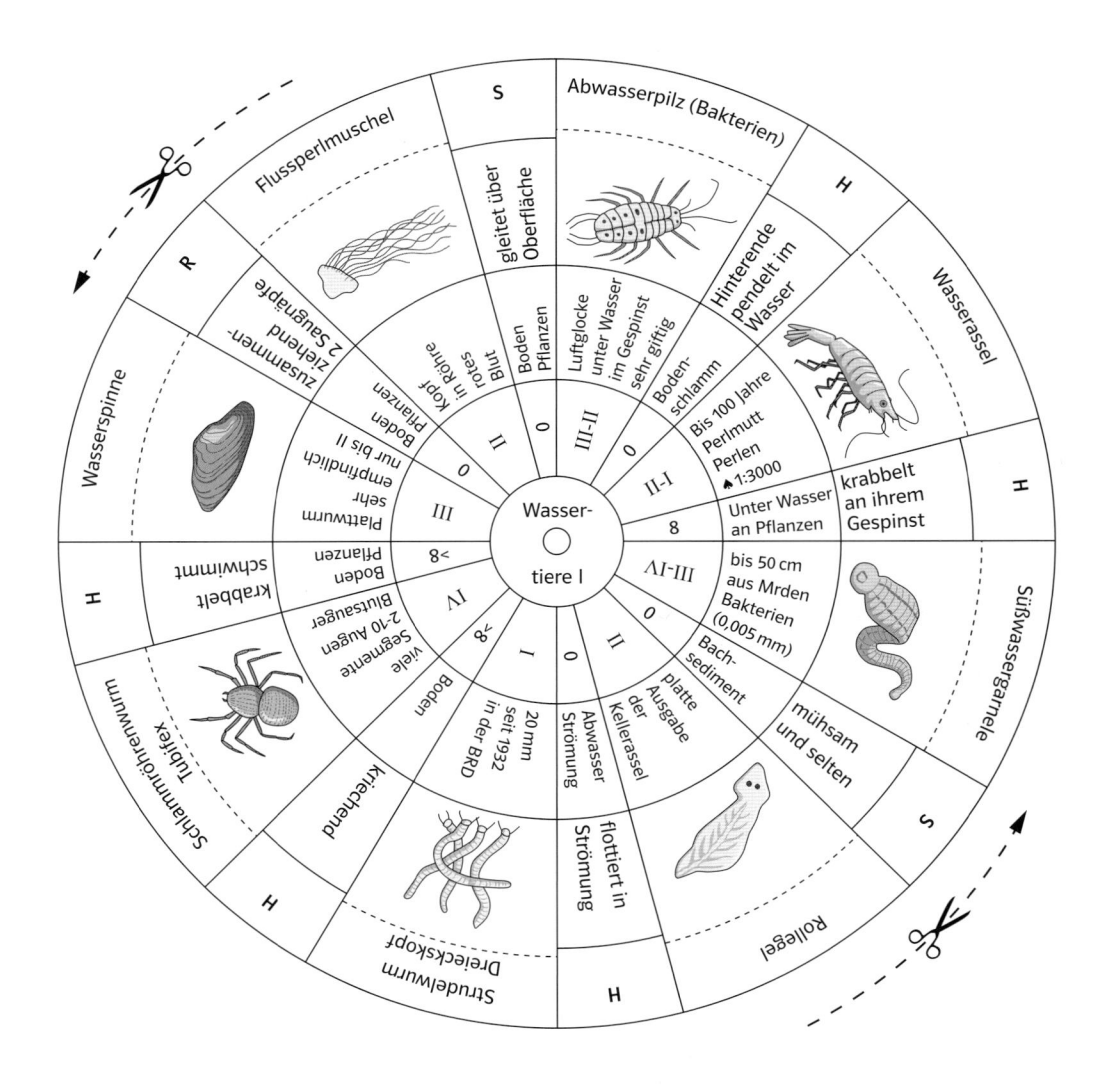

Arbeitsblätter Biologie

Wassertiere II — Gewässergüte

Gewässergüte - Klassen:

I	dunkelblau:	unbelastet bis sehr gering belastet H häufig, R regional häufig, S selten
I - II	hellblau:	geringer belastet
II	dunkelgrün:	mäßig belastet
II - III	hellgrün:	kritisch belastet
III	gelb:	stark verschmutzt
III - IV	orange:	sehr stark verschmutzt
IV	rot:	übermäßig verschmutzt

Beachte: Zur Einschätzung der Gewässergüte reicht es nicht aus, wenn du nur einige wenige der Indikatororganismen findest.

Zur biologischen Güteeinschätzung müssen bestimmte Leitformen in Kombination und Häufung auftreten, dazu zieht man auch chemische Parameter heran. Trotzdem lässt sich mit der Scheibe eine allererste Einschätzung wagen. Fische können dir dabei helfen. So kommt die Bachforelle nur bis zur Klasse II vor, die Plötze hingegen lebt auch noch bei Klassifizierungen um die III.

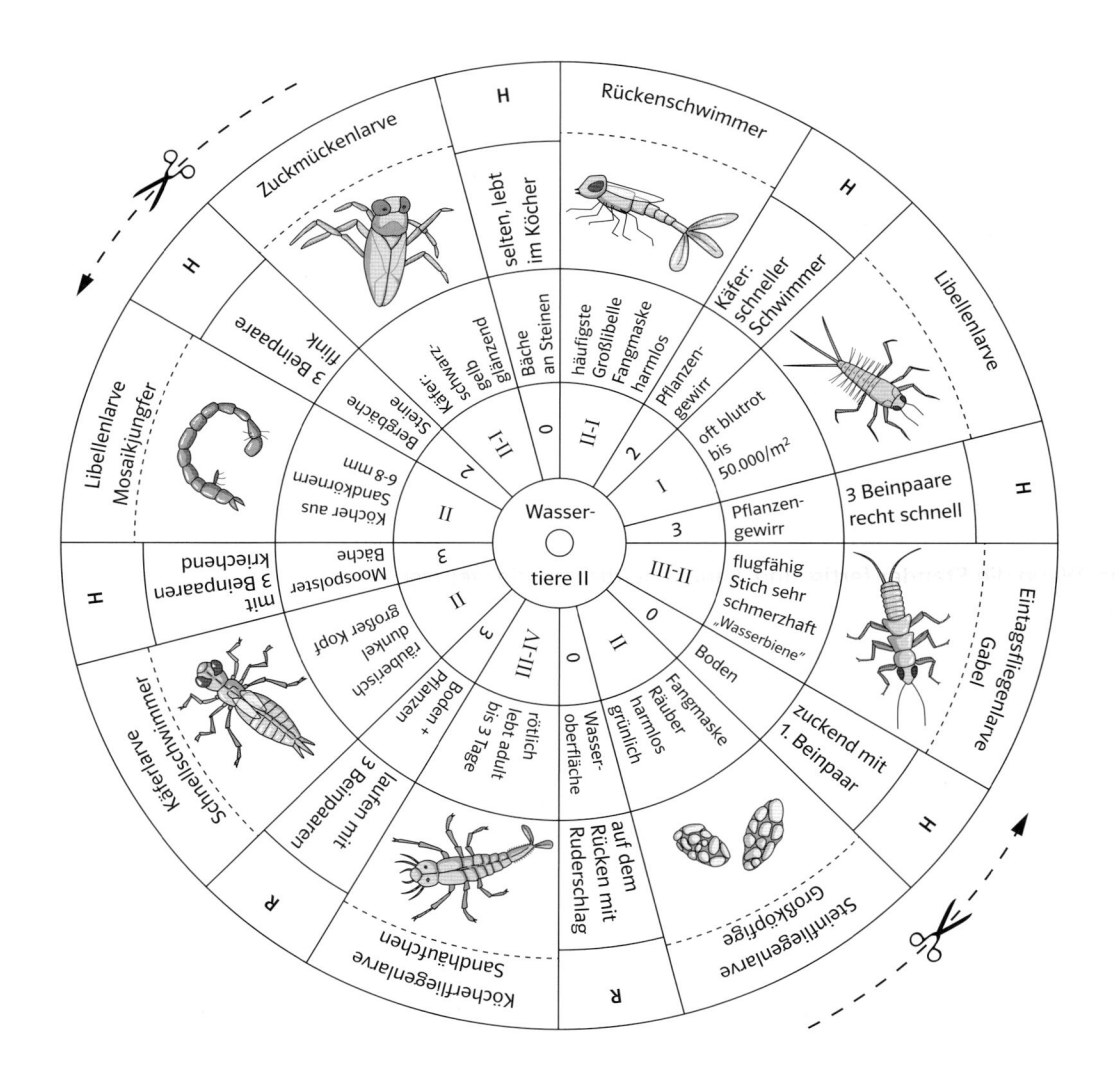

44 Arbeitsblätter Biologie

Lachs pass auf — Spiel- und Bastelanleitung

Umfang: Spielanleitung, Bastelanleitung, Spielplan, 1 Würfel, 4 Ständer, 4 Lachsspielfiguren, Ereignis- und Fragekarten

Vorbereitungen: Spielplan zusammenkleben und auf Karton aufziehen, nach Geschmack bunt malen, vier Ständer basteln, vier Lachse malen, ausschneiden, anmalen (Rückseite nicht vergessen) und einstecken, Ereignis- und Fragekarten ausschneiden und auf der Rückseite mit „E" bzw. „?" versehen.

Spielzeit: ca. 15 min; für 2 bis 4 Spieler; von 8 bis 99 Jahren

Spielbeginn: Alle Fische starten an der Quelle. Ereignis- und Fragekarten werden gemischt und getrennt verdeckt gestapelt.

Spielziel: Wer zuerst zweimal das Spielfeld umrundet hat, gewinnt. Dazu muss man jedoch genau auf die Quelle kommen.

Spielverlauf: Das Spielfeld muss zweimal umrundet werden. Die Karten sorgen für viel Abwechslung. Wer zuerst zweimal das Spielfeld umrundet hat, ist Sieger.

Karten: Kommt ein Spieler auf ein „E", muss er eine Ereigniskarte, bei einem „?" eine Fragekarte ziehen. Fragen falsch beantwortet: stehen bleiben, Frage richtig beantwortet: einmal würfeln.

Spielregel: Das jüngste Kind beginnt. Dann geht's im Uhrzeigersinn weiter. Man darf nicht rausschmeißen und bei einer 6 nicht noch Mal würfeln.

Spielsinn: Man soll während des Spiels lernen, wie der Lachs wandert, welche Hürden er nehmen muss und wer seine Feinde sind.

Besonderheiten: Man darf drei Mal würfeln, wenn eine E-Karte eine bestimmte Zahl zu würfeln vorgibt, außer man steht vor dem Ziel.

Spielvariante: Sicher fallen euch bei Bedarf neue Ereignisse und andere Fragen für neue Karten ein.

Bastelanleitung: Zuerst bastelst du am besten die vier Ständer für alle Fische aus einem Stück Pappe. Natürlich kannst du auch, falls vorhanden, von einem anderen Spiel die Ständer oder einfach herkömmliche Spielfiguren nehmen. Wenn die Ständer fertig sind, kannst du dich an die vier Fische wagen. Ein Beispiel für einen Lachs siehst du unten. Deine müssen ja nicht genauso aussehen, aber Lachse sollten es schon sein.

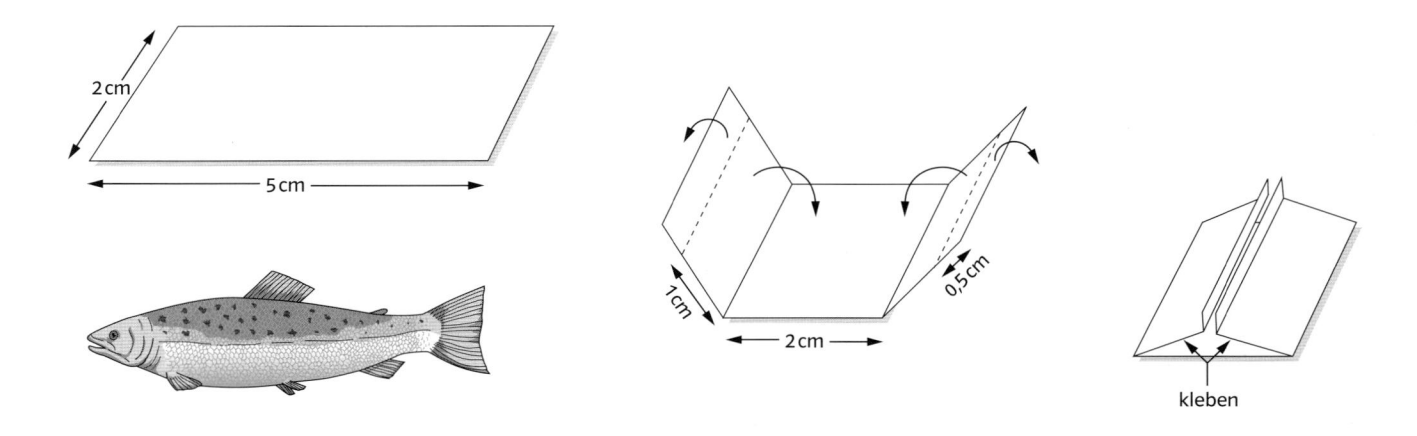

Lachs pass auf — Fragen

Was fressen Lachse?	Wie schwer können Lachse werden?	Nenne 3 Tiere, denen Lachse als Nahrung dienen.
adult: Plankton, Krebse Larve: Dottersack	Zuchtlachse bis zu 49 kg	Bär, Fischotter, Reiher, Hai

Wie lange sind Lachse zu den Laichplätzen unterwegs?	Wovon ernähren sich die kleinen Lachslarven?	Warum ist der Weg zum Laichplatz schwerer als der zum Meer?
ca. 2 Wochen	Von ihrem Dottersack	Strömung!

Womit bewältigen Lachse die Wasserfälle? a) elastische Wirbelsäule und Schwanz b) hochangeln mit den starken Bauchflossen	Wer bringt die Eier zum Laichplatz? a) Männchen b) Weibchen c) beide	Welchen Lachs gibt es nicht? a) Blaurückenlachs b) Fontänenlachs c) Buckellachs
a) ist richtig	a) ist richtig	b) ist richtig

Welche Farbe haben Blaurückenlachse? a) normal silbrig b) blau c) rot	Wie lange lebt der Lachs im Meer?	Was ist für die Lachse besser? a) sauberer Fluss, von der Sonne verwöhnt b) sauberer Bach, von Bäumen beschattet?
c) ist richtig	1 bis 5 Jahre	b) ist richtig

Wie lang kann ein Zuchtlachs werden?	Wie viele Tonnen Zuchtlachs exportierte Norwegen 1988?	Wie viele Eier trägt ein Lachsweibchen zum Laichplatz?
1,60 m	72 000 t (Umsatz 1 Mrd. DM)	ca. 26 000

Welche Farbe haben Lachseier?	Haben Lachse manchmal Läuse?	Wie lange ernähren sich die Larven vom Dottersack?
rosarot, Lachskaviar	Ja, Fischläuse	ca. 6 Wochen

Beschreiben den Verwandten des Lachses.	Warum wachsen Zuchtlachse so rasant heran?	Welche Gefahren stellen ausgebüchste Zuchtlachse dar?
Stör, bis 3 m und 300 kg, bedrohte Art, Kaviar	Eiweiß- und vitaminreiche Nahrung, Antibiotika und Arzneimittel, keine Feinde	Übertragung von Krankheiten und Parasiten

Welches ist der größte natürliche Feind des Lachses?	Kann man Lachse an Land züchten?	Bei Fischfarmen fällt von 10 kg Futter 1 kg durch die Netze, was bedeutet das?
warmes Wasser	Intensivzucht in Becken mit Frischwasserversorgung, Überdachung, PC-gesteuert	gefährliche Überdüngung der Fjorde/Meer

Das Spiel wurde in seinen Grundzügen von Schülerinnen und Schülern der Jahrgangsstufe 7 des Gymnasiums Neunkirchen entwickelt.

Aquatische Ökosysteme

Lachs pass auf — Ereignisse

Du kommst in sehr flaches Wasser. Dort lauern Bären und Wölfe. Ein Wolf erwischt dich am Schwanz. Setze eine Runde aus!	Du verletzt dich an einem spitzen Stein vor einem Wasserfall. Setze 2 Runden aus!	Weil du zu schnell geschwommen bist, sind die anderen Fische nicht hinterher gekommen. Warte auf sie. Setze eine Runde aus!
Du gerätst in die Strömung des Wasserfalls. Du darfst noch einmal würfeln!	Ein Kormoran frisst dich. Gehe zurück zum Start!	Du schwimmst gegen eine starke Strömung. Deshalb brauchst du etwas länger. Setze eine Runde aus!
Einige Biber haben einen Staudamm errichtet. Du musst eine 1 oder eine 6 würfeln!	Du hast dich verletzt und schwimmst in warmem Wasser. Du wirst von Pilzen befallen. Gehe zum letzten E-Feld zurück!	Du wirst von Haien verfolgt. Da du ihnen entkommen willst, schwimmst du schneller. Rücke 2 Felder vor!
Du schwimmst durch das Brackwasser. 1 Runde aussetzen!	Die Bäume am Rand des Wassers wurden von Holzfällern gefällt, wodurch die Temperatur des Wassers steigt. Setze 1 Runde aus!	Von dem langen Weg bist du ganz erschöpft. Ruhe dich aus, bis du eine 3 gewürfelt hast!
Du hast dir keine ausreichende Fettschicht angefressen. Gehe 7 Felder zurück, höchstens bis zur Quelle!	Der Staudamm der Biber ist weg. Du darfst noch einmal würfeln!	Ein Angler will dich angeln. Du legst deinen Superduperturbo ein, um ihm zu entwischen. Rücke 5 Felder vor!
Du wirst von Aalen überfallen und musst dich von dem Schreck erst einmal erholen. Setze 1 Runde aus!	Du bist gegen einen Felsen geschwommen. Würfle eine 4, um weiter zu kommen!	Du wirst von einer Stromschnelle mitgerissen und verlierst die Orientierung. Setze 2 Runden aus!
Du schwimmst durch Stromschnellen. Jetzt kannst du deine Kraft unter Beweis stellen. Rücke 3 Felder vor!	Du bist mit besonders viel Schwung den Wasserfall hoch gesprungen. Rücke 5 Felder vor!	Du hast den Fischotter ausgetrickst. Dafür geht's 5 Felder vorwärts!
Dein bester Freund klemmt zwischen zwei Steinen. Gehe 3 Felder zurück, damit du ihm helfen kannst!	Deine Reise ist sehr langweilig! Lasse dir einen Fischwitz einfallen. Zur Belohnung darfst du 4 Felder vor!	Du hast dich in Algen verfangen! Die anderen kommen schneller voran. Sie rücken alle 2 Felder vor!
Starke Regenfälle lassen das Wasser und damit den Sauerstoffgehalt steigen. Würfle noch einmal!	Eine Firma lässt ihr Abwasser in den Fluss. Du vergiftest dich und musst dich erst mal erholen. Setze 1 Runde aus!	Du gerätst in eine Schleuse, die sich hinter dir schließt. Sie öffnet sich erst, wenn du eine 6 würfelst!

Arbeitsblätter Biologie

Lachs pass auf — Spielplan

Meer

Brackwasser

48 Arbeitsblätter Biologie

Aquatische Ökosysteme

Quelle

Arbeitsblätter Biologie

Lösung

Sie waten im Watt

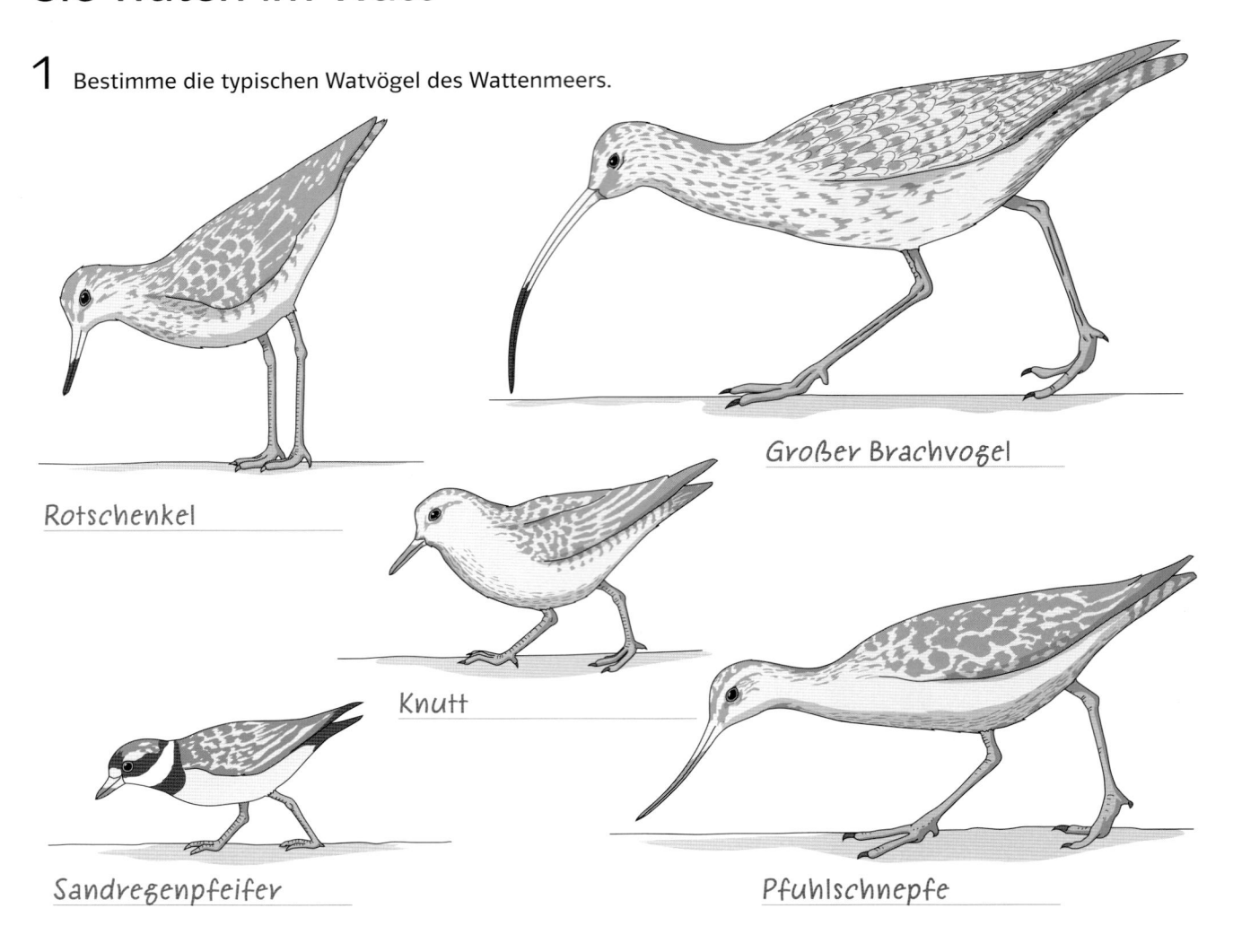

1 Bestimme die typischen Watvögel des Wattenmeers.

Rotschenkel

Großer Brachvogel

Knutt

Sandregenpfeifer

Pfuhlschnepfe

2 Bestimme die in der typischen Eingrabtiefe des Wattbodens dargestellten wirbellosen Tiere.

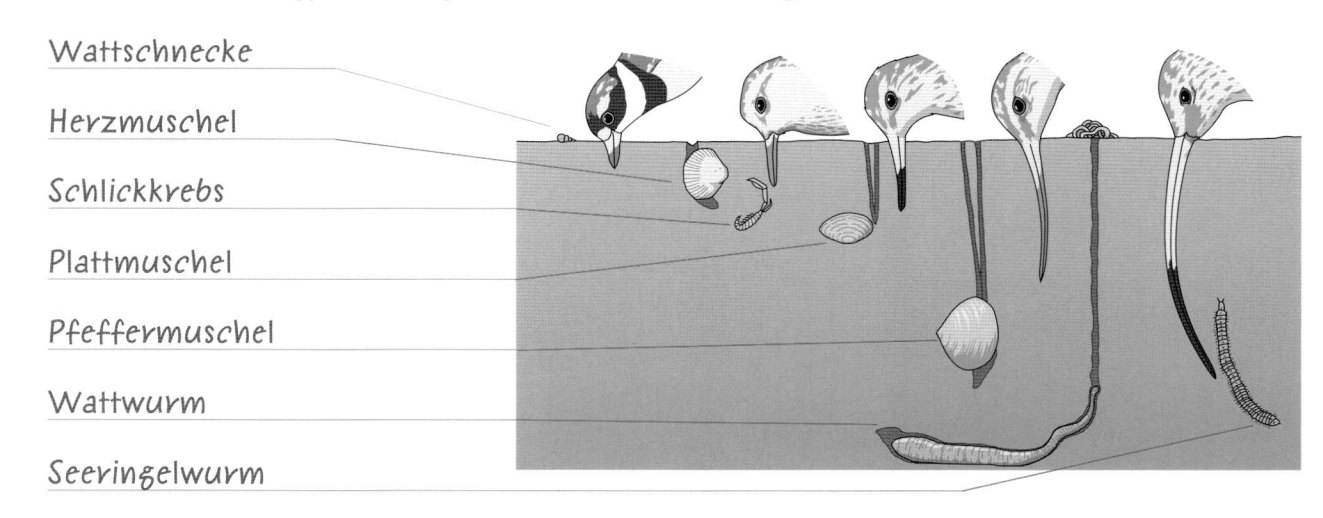

Wattschnecke

Herzmuschel

Schlickkrebs

Plattmuschel

Pfeffermuschel

Wattwurm

Seeringelwurm

3 Pause mit Hilfe von Kohlepapier die Knöpfe und Schnäbel der oben dargestellten Watvögel durch, schneide sie aus und klebe sie zu ihrer bevorzugten Nahrung.

50   Arbeitsblätter Biologie

Aquatische Ökosysteme

Sie waten im Watt

1 Bestimme die typischen Watvögel des Wattenmeers.

2 Bestimme die in der typischen Eingrabtiefe des Wattbodens dargestellten wirbellosen Tiere.

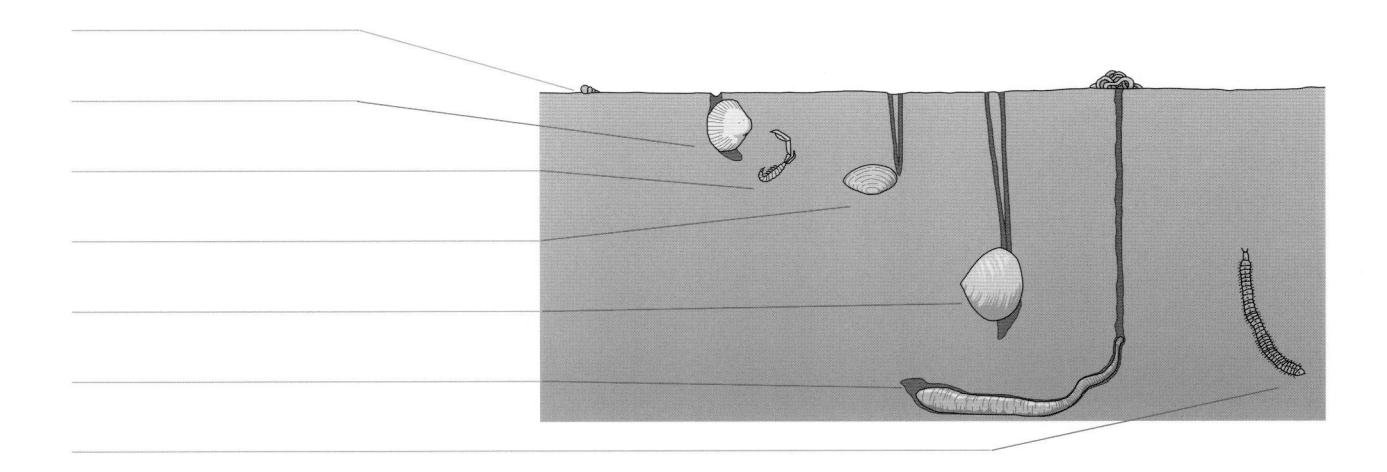

3 Pause mit Hilfe von Kohlepapier die Knöpfe und Schnäbel der oben dargestellten Watvögel durch, schneide sie aus und klebe sie zu ihrer bevorzugten Nahrung.

Lösung

Leben am Pfahl

1 Benenne die Tiere in der Abbildung, die mit Zahlen versehen sind, und male sie farbig aus.

2 Ordne die Tiere in den entsprechenden Tierstamm ein.

a		Strandschnecke
Stamm:		Weichtier
b		Assel
Stamm		Krebse
c		Seepocke
Stamm		Krebse
d		Strandkrabbe
Stamm		Krebse
e		Seerose
Stamm		Nesseltiere
f		Miesmuschel
Stamm		Weichtiere
g		Seestern
Stamm		Stachelhäuter

3 Wie überlebt [f] das zweiteilige „Trockenfallen"?

Die Miesmuschel schließt ihre Klappen hermetisch und begnügt sich mit dem kleinen Sauerstoffvorrat.

52 Arbeitsblätter Biologie

Aquatische Ökosysteme

Leben am Pfahl

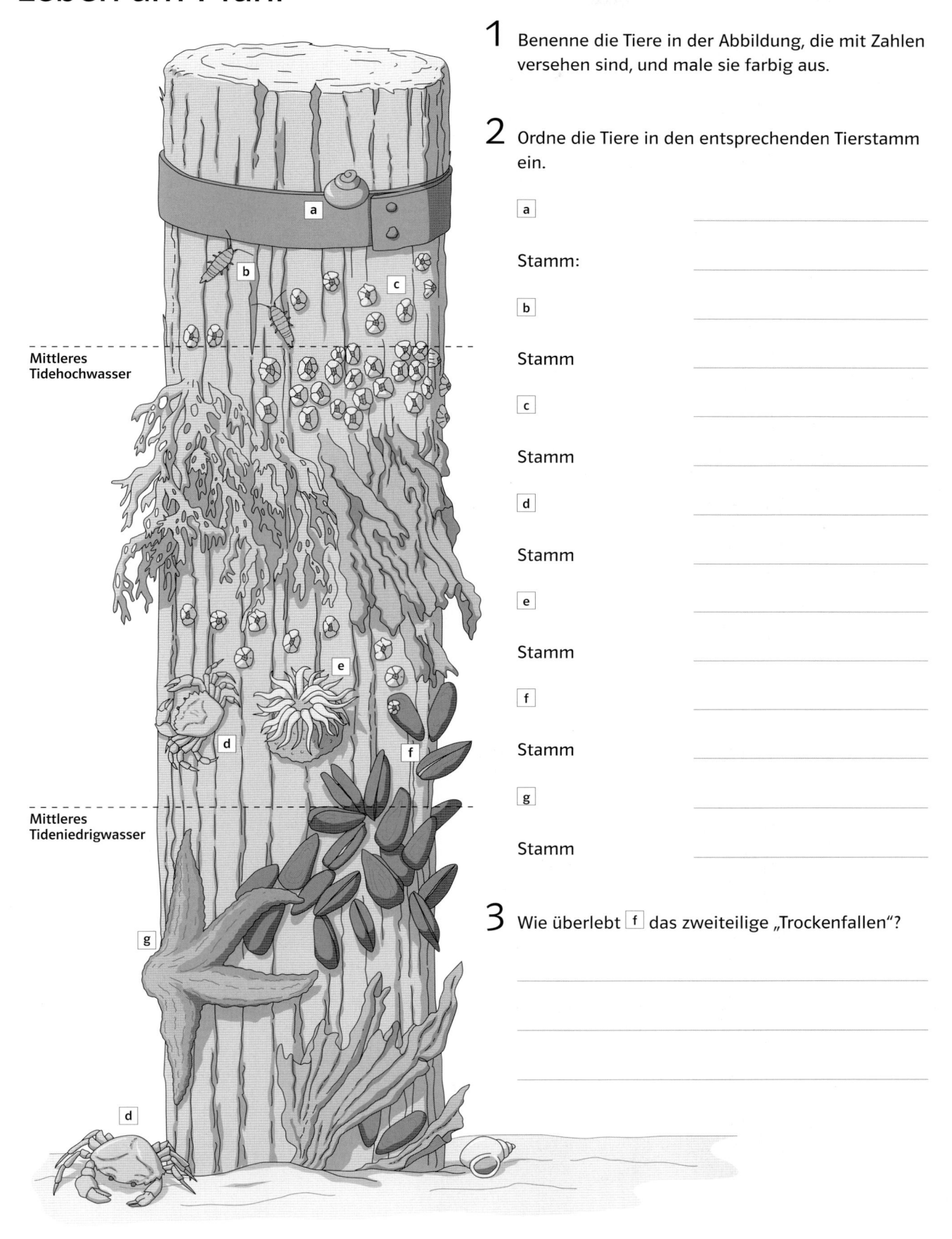

1 Benenne die Tiere in der Abbildung, die mit Zahlen versehen sind, und male sie farbig aus.

2 Ordne die Tiere in den entsprechenden Tierstamm ein.

a _____

Stamm: _____

b _____

Stamm _____

c _____

Stamm _____

d _____

Stamm _____

e _____

Stamm _____

f _____

Stamm _____

g _____

Stamm _____

3 Wie überlebt f das zweiteilige „Trockenfallen"?

_____

_____

_____

Mittleres Tidehochwasser

Mittleres Tideniedrigwasser

© Ernst Klett Verlag GmbH, Stuttgart 2010. Als Kopiervorlage freigegeben.

Arbeitsblätter Biologie

Lösung

Die Wirbellosen der Felsküsten

1 Benenne die im Spritzwasserbereich von Felsküsten dargestellten Tiere und male die Algen und Tange farbig aus.

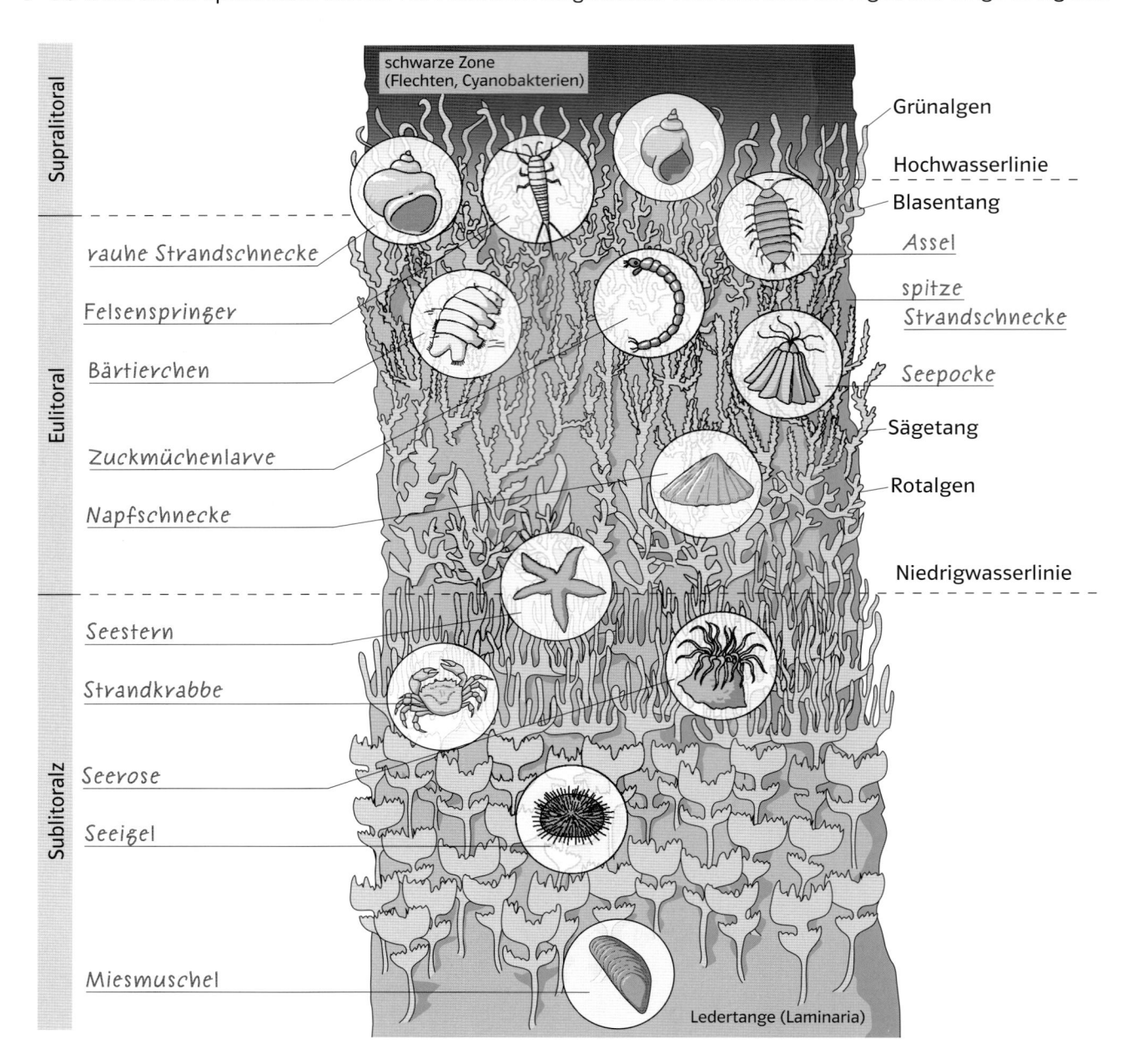

Zonen (links): Supralitoral, Eulitoral, Sublitoralz

Beschriftungen (links, Tiere):
- rauhe Strandschnecke
- Felsenspringer
- Bärtierchen
- Zuckmückenlarve
- Napfschnecke
- Seestern
- Strandkrabbe
- Seerose
- Seeigel
- Miesmuschel

Beschriftungen (rechts):
- schwarze Zone (Flechten, Cyanobakterien)
- Grünalgen
- Hochwasserlinie
- Blasentang
- Assel
- spitze Strandschnecke
- Seepocke
- Sägetang
- Rotalgen
- Niedrigwasserlinie
- Ledertange (Laminaria)

2 Welche der aufgeführten Tiere gehören zum Stamm Stachelhäuter **a** und welche Tiere gehören zu den Krebsen **b**?

a Seestern, Seeigel

b Strandkrabbe, Assel, Seepocke

Aquatische Ökosysteme

Die Wirbellosen der Felsküsten

1 Benenne die im Spritzwasserbereich von Felsküsten dargestellten Tiere und male die Algen und Tange farbig aus.

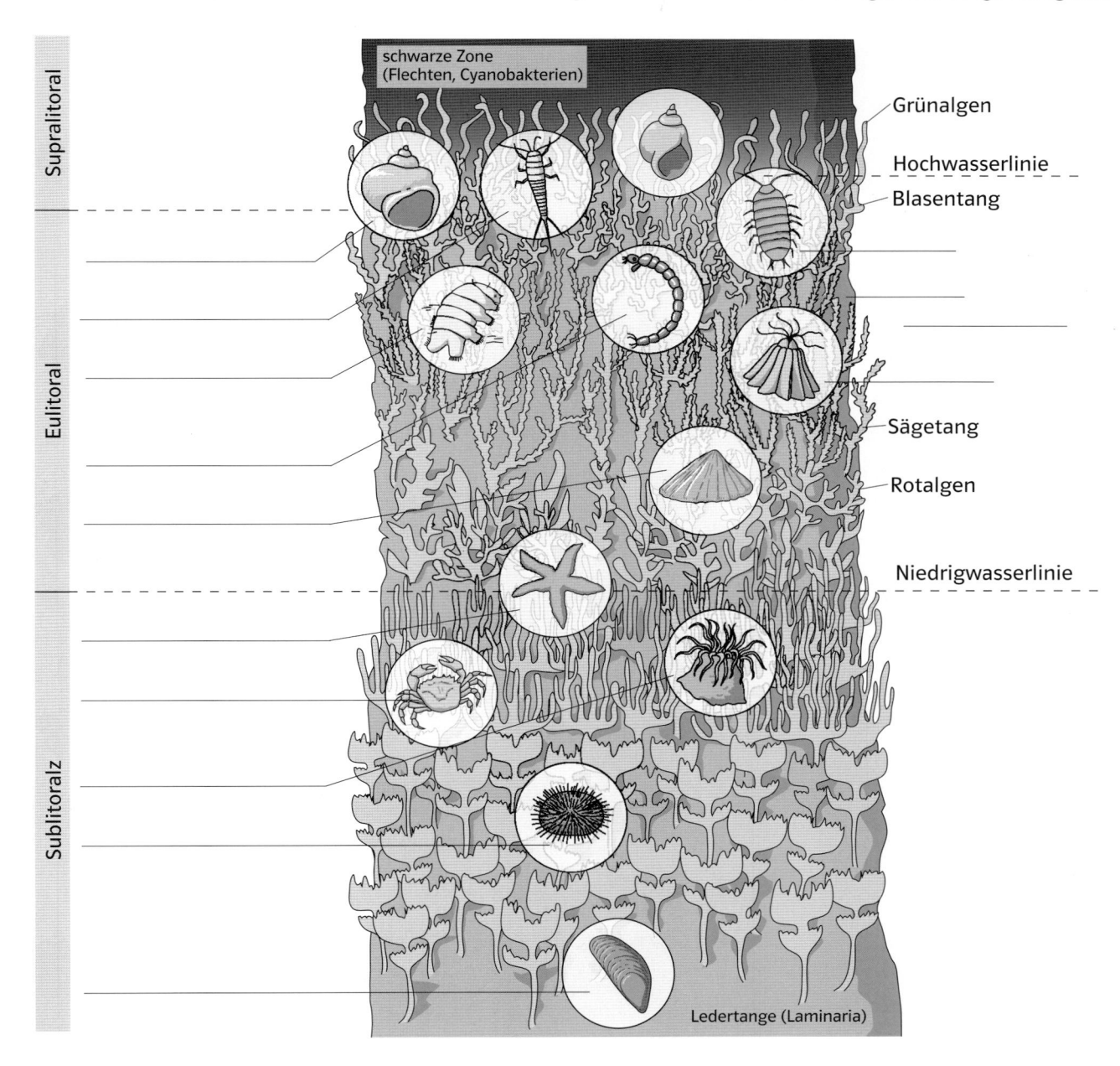

2 Welche der aufgeführten Tiere gehören zum Stamm Stachelhäuter **a** und welche Tiere gehören zu den Krebsen **b**?

Lösung

Das biologische Gleichgewicht

Das Zeichen + bedeutet eine gleichsinnige Beziehung; man formuliert: je mehr ... desto mehr oder je weniger ... desto weniger.

Das Zeichen - bedeutet eine ungleichsinnige Beziehung; man formuliert: je mehr ... desto weniger oder je weniger ... desto mehr.

1 Formuliere die Sätze für das angegebene, vereinfachte Beispiel.

2 Setze die korrekten Zeichen ein.

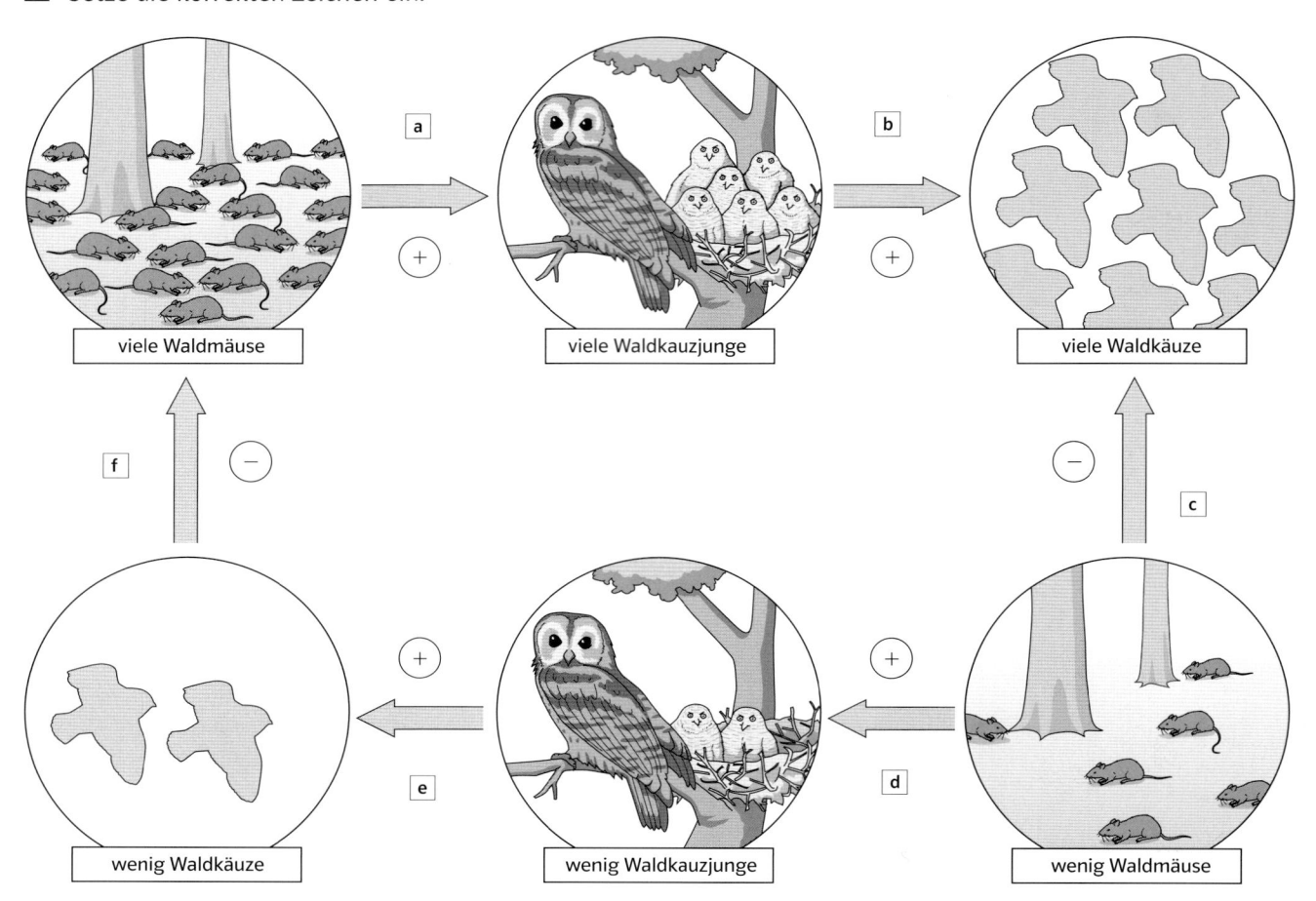

- **a** *Je mehr Waldmäuse, desto mehr Waldkauzjunge (können aufgezogen werden).*
- **b** *Je mehr Waldkauzjunge (erwachsen werden), desto mehr Waldkäuze.*
- **c** *Je mehr Waldkäuze (auf Jagd gehen), desto weniger Waldmäuse (überleben).*
- **d** *Je weniger Waldmäuse, desto weniger Waldkauzjunge (können aufgezogen werden).*
- **e** *Je weniger Waldkauzjunge (aufgezogen werden), desto weniger Waldkäuze.*
- **f** *Je weniger Waldkäuze (jagen), desto mehr Waldmäuse vermehren sich.*

Das biologische Gleichgewicht

Das Zeichen + bedeutet eine gleichsinnige Beziehung; man formuliert: je mehr ... desto mehr oder je weniger ... desto weniger.

Das Zeichen - bedeutet eine ungleichsinnige Beziehung; man formuliert: je mehr ... desto weniger oder je weniger ... desto mehr.

1 Formuliere die Sätze für das angegebene, vereinfachte Beispiel.

2 Setze die korrekten Zeichen ein.

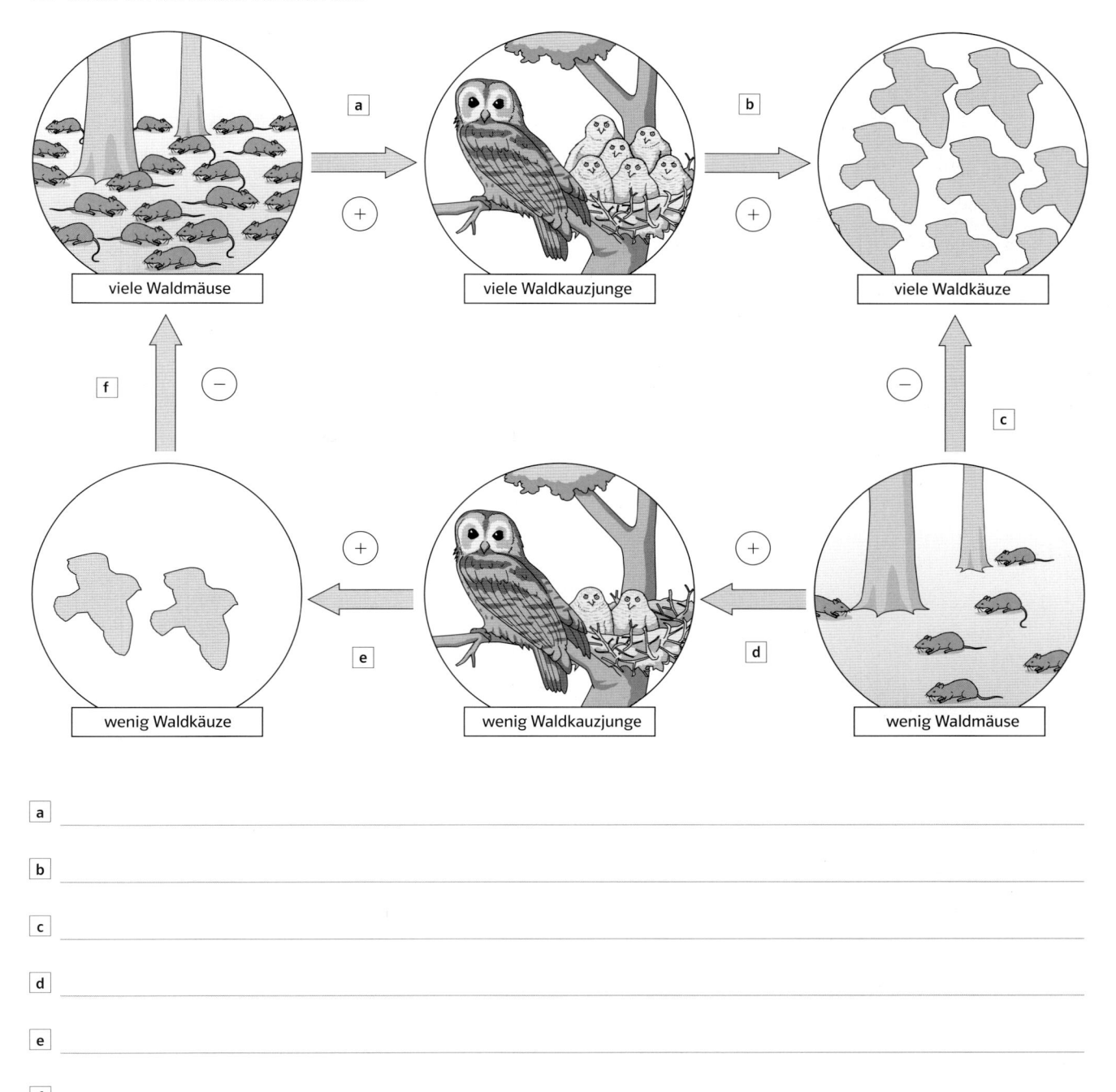

a _____

b _____

c _____

d _____

e _____

f _____

Lösung

Nahrungsnetz im Mischwald

1 Bestimme die Tiere und Pflanzen.

2 Ordne ihnen jeweils die Angabe zu: Produzent (P), Reduzent (R), Konsument I. Ordnung (Pflanzenfresser) (K1), Konsument höherer Ordnung (Fleischfresser) (K2).

3 Stelle durch Pfeile die Nahrungsbeziehungen her.

a Buntspecht K2	e Fichtenzweig P	i Sperber K2	m Eichel
b Borkenkäfer K1	f Gräser P	j Fuchs K2	n Eichelhäher K1
c Ameise K1, K2	g Reh K1	k Eichhörnchen K1, K2	o Schlange K2
d Fichtenzapfen P	h Haselnuss P	l Maus K1	p Grasfrosch K2

58 Arbeitsblätter Biologie

Terrestrische Ökosysteme

Nahrungsnetz im Mischwald

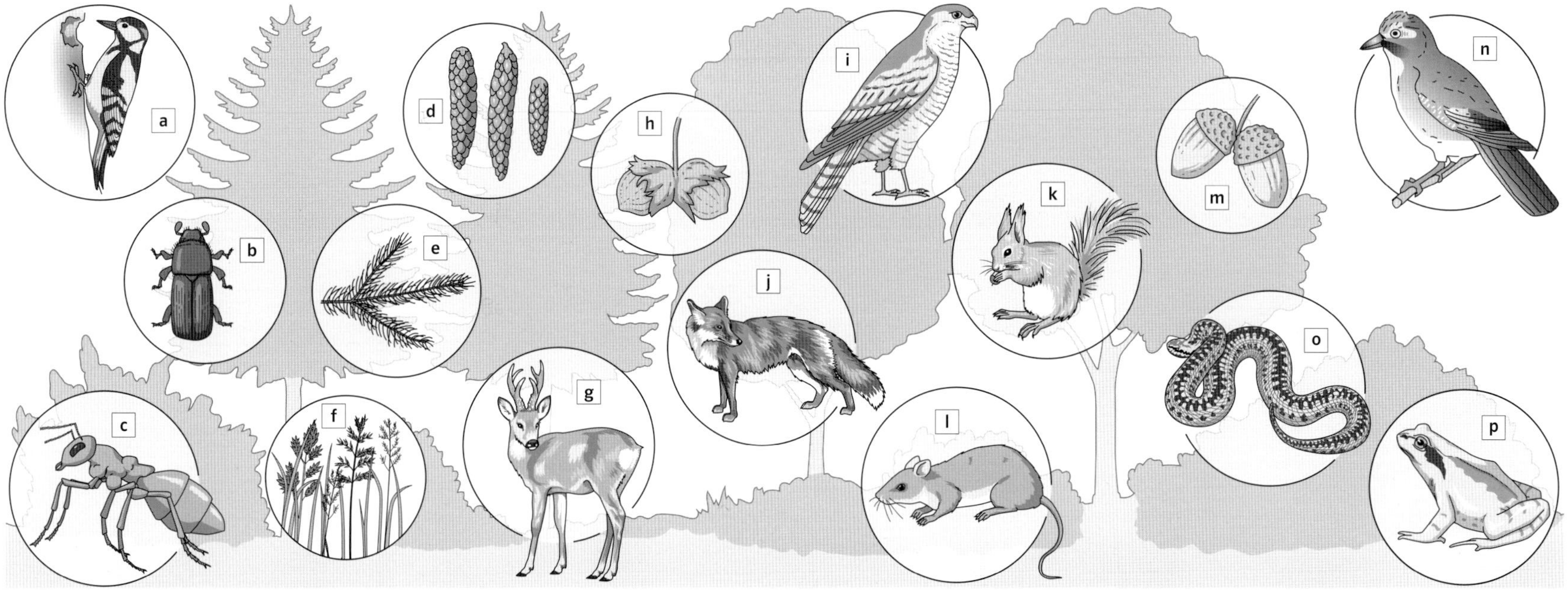

1 Bestimme die Tiere und Pflanzen.

2 Ordne ihnen jeweils die Angabe zu: Produzent (P), Reduzent (R), Konsument I. Ordnung (Pflanzenfresser) (K1), Konsument höherer Ordnung (Fleischfresser) (K2).

3 Stelle durch Pfeile die Nahrungsbeziehungen her.

a	b	c	d
e	f	g	h
i	j	k	l
m	n	o	p

Arbeitsblätter Biologie 59

© Ernst Klett Verlag GmbH, Stuttgart 2010. Als Kopiervorlage freigegeben.

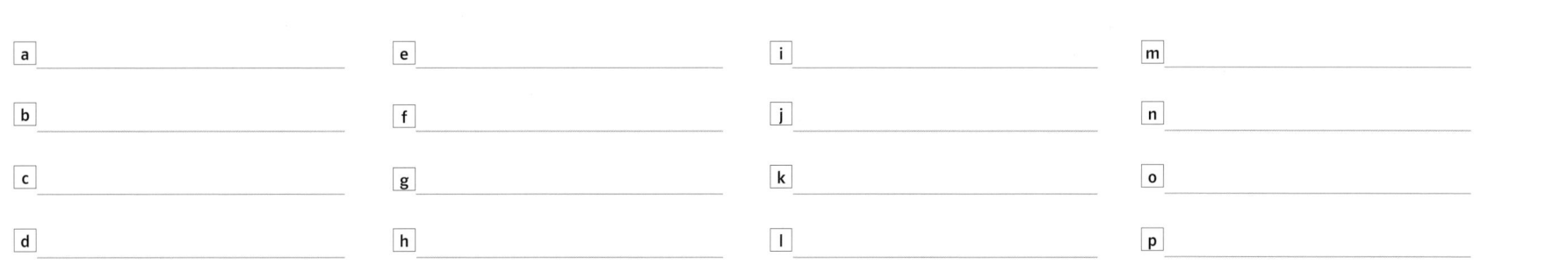

Lösung

Der Baum als Lebensraum

1 Klassifiziere die abgebildeten Pilzgruppen und gib die Lebensweise in Bezug auf den Baum an.

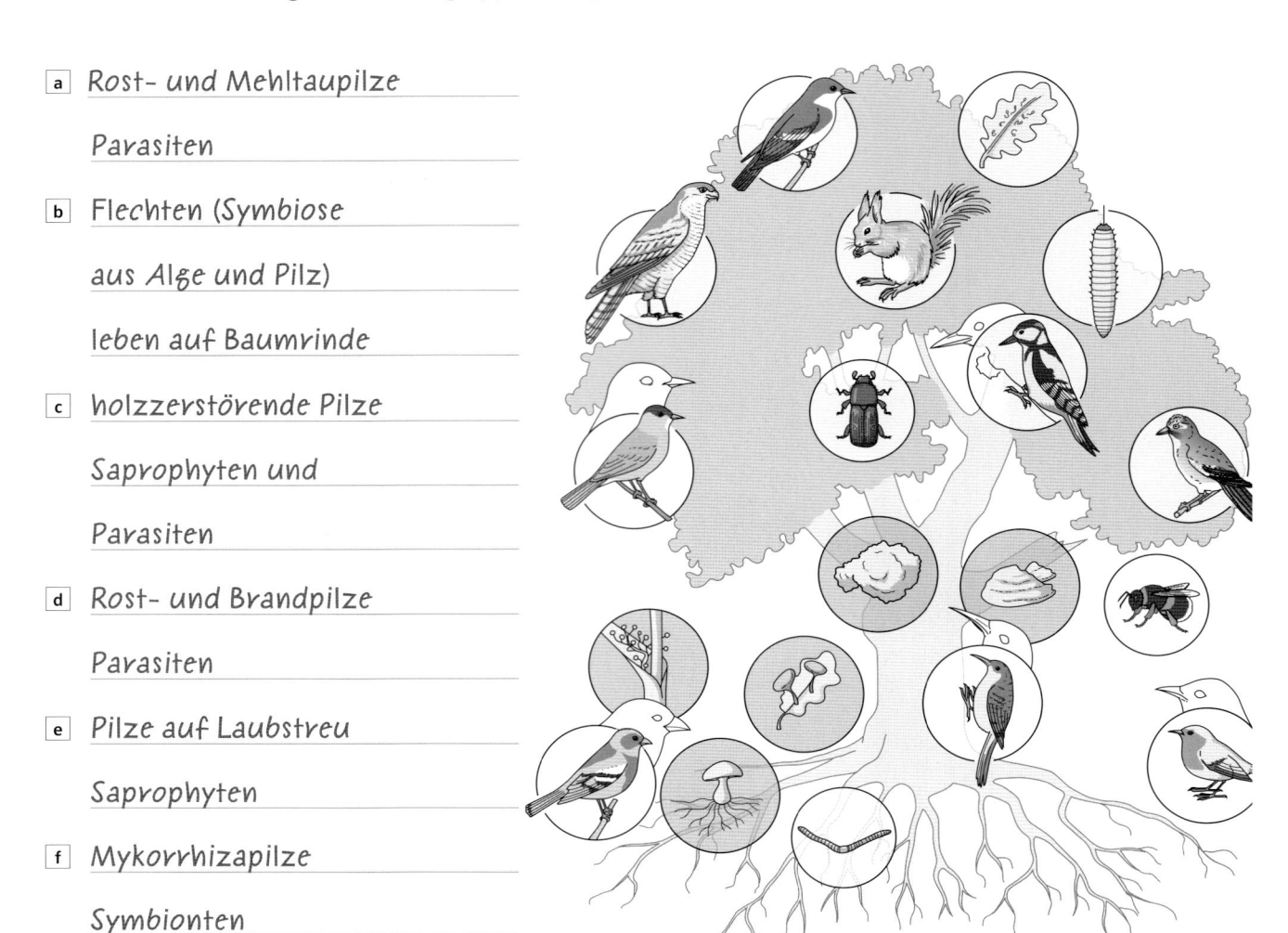

a) Rost- und Mehltaupilze
   Parasiten

b) Flechten (Symbiose aus Alge und Pilz)
   leben auf Baumrinde

c) holzzerstörende Pilze
   Saprophyten und Parasiten

d) Rost- und Brandpilze
   Parasiten

e) Pilze auf Laubstreu
   Saprophyten

f) Mykorrhizapilze
   Symbionten

2 Benenne die abgebildeten Tiere und gib kurz an, inwieweit sie den Baum als Lebensraum nutzen.

Buntspecht lebt von Insekten und meißelt Nisthöhlen in Stämme; Eichelhäher baut Kronennester und frisst Eicheln; Sperber und Trauerfliegenschnäpper nutzen den Baum als Abflugwarte, um Insekten zu jagen; Eichenwicklerraupe frisst Blätter; Eichhörnchen baut Kobel in Bäumen; Baumläufer sammelt Insekten aus Ritzen der Borke; Buchfink und Rotkehlchen leben am Waldboden, der Buchfink sammelt Körner, das Rotkehlchen Weichtiere; Borkenkäfer lebt in der Borke; Regenwurm lebt in der Erde; Hummel sammelt Pollen; Mönchsgrasmücke frisst Insekten.

Terrestrische Ökosysteme

Der Baum als Lebensraum

1 Klassifiziere die abgebildeten Pilzgruppen und gib die Lebensweise in Bezug auf den Baum an.

a _____

b _____

c _____

d _____

e _____

f _____

2 Benenne die abgebildeten Tiere und gibt kurz an, inwieweit sie den Baum als Lebensraum nutzen.

_____

_____

_____

_____

_____

Lösung

Lebensraum Moospolster

1 Das Miniökosystem Moospolster kannst du vor Ort, z. B. an einem alten Baum, mit der Lupe untersuchen und dabei die Tiere identifizieren, die dort leben. Längere Beobachtungen geben dir aber auch die Möglichkeit, die Nahrungsbeziehungen der Tiere genauer zu erforschen. Dazu setzt du kleine Moospolster vorsichtig auf Agarplatten und verschließt die Petrischale mit einem Paraffinband. Wenn du dieses Miniterrarium an einem schattigen, aber hellen Platz aufstellst, kannst du über Wochen und Monate von Zeit zu Zeit die Tiere mit der Stereolupe beobachten. In aller Ruhe kannst du die Tiere zeichnen, bestimmen und ihre Nahrungsbeziehungen herausbekommen.

2 Bestimme die Tiere in der Abbildung.

- a Blattwespenlarve
- b Springschwanz
- c Doppelschwanz
- d Doppelfüßer
- e Milbe
- f Bärtierchen

3 Benenne die Lebewesen und gibt ihre Nahrungsbeziehungen durch Pfeile an.

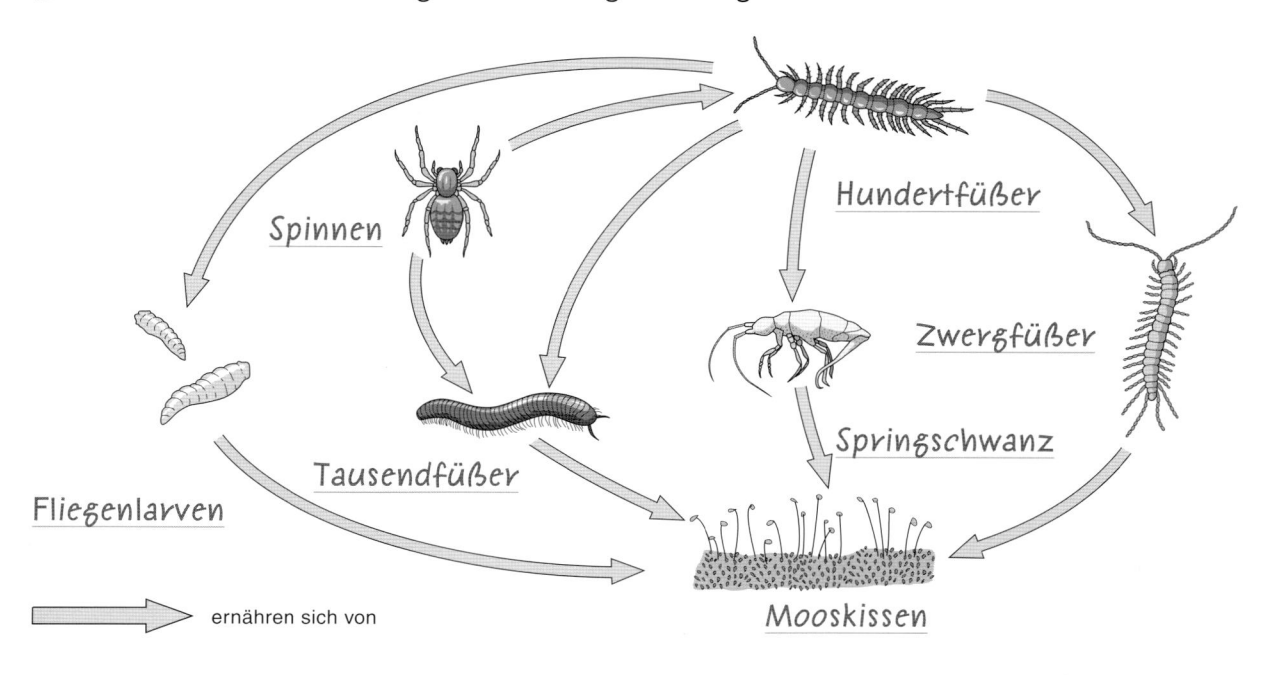

Spinnen — Hundertfüßer — Zwergfüßer — Springschwanz — Mooskissen — Tausendfüßer — Fliegenlarven

→ ernähren sich von

62 Arbeitsblätter Biologie

Terrestrische Ökosysteme

Lebensraum Moospolster

1 Das Miniökosystem Moospolster kannst du vor Ort, z. B. an einem alten Baum, mit der Lupe untersuchen und dabei die Tiere identifizieren, die dort leben. Längere Beobachtungen geben dir aber auch die Möglichkeit, die Nahrungsbeziehungen der Tiere genauer zu erforschen. Dazu setzt du kleine Moospolster vorsichtig auf Agarplatten und verschließt die Petrischale mit einem Paraffinband. Wenn du dieses Miniterrarium an einem schattigen, aber hellen Platz aufstellst, kannst du über Wochen und Monate von Zeit zu Zeit die Tiere mit der Stereolupe beobachten. In aller Ruhe kannst du die Tiere zeichnen, bestimmen und ihre Nahrungsbeziehungen herausbekommen.

2 Bestimme die Tiere in der Abbildung.

a _____   b _____

c _____   d _____

3 _____   f _____

3 Benenne die Lebewesen und gibt ihre Nahrungsbeziehungen durch Pfeile an.

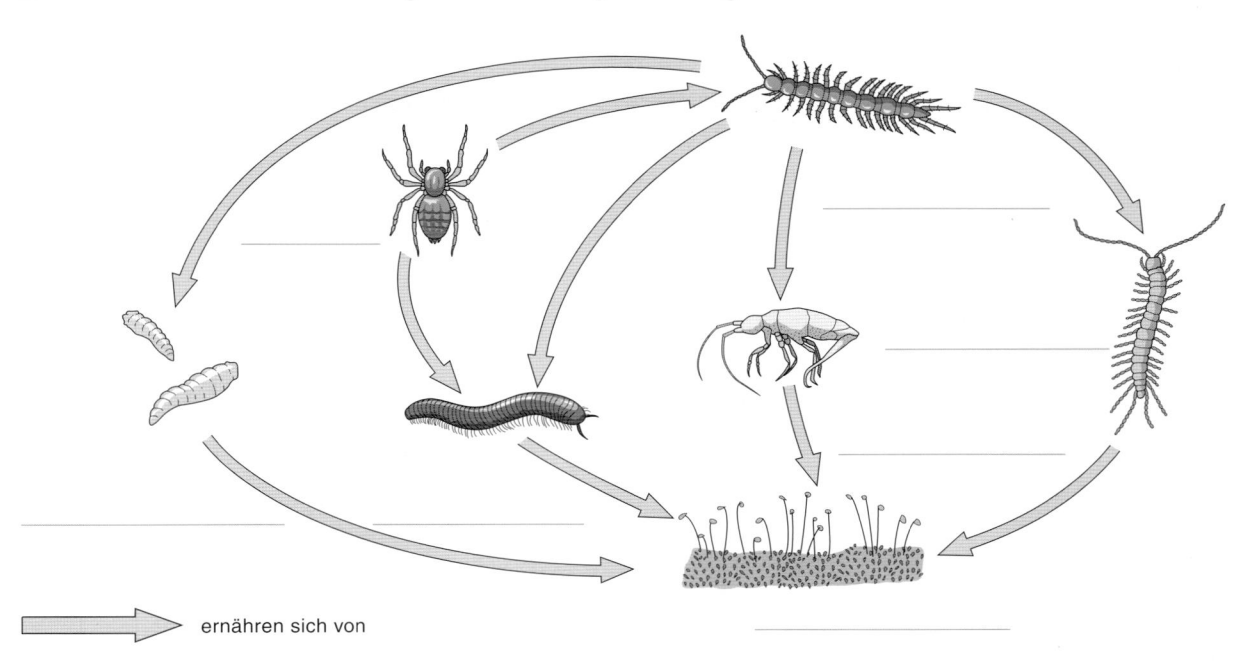

➡ ernähren sich von _____

© Ernst Klett Verlag GmbH, Stuttgart 2010. Als Kopiervorlage freigegeben.

Arbeitsblätter Biologie

Lösung

Biozönose Baumstumpf

1 Was versteht man unter einer Biozönose? Lebensgemeinschaft

2 Wie unterscheidet sich die Biozönose „Baumstumpf" von anderen Biozönosen, z. B. der Wiese? Überlege, was im Laufe von vielen Jahren mit den genannten Biozönosen passiert.

Der Baumstumpf wird total zerstört, Selbstzerstörung der Biozönose (negative Sukzession). Ohne menschlichen Eingriff verbuscht die Wiese und wird später zum Wald (Klimax). Das System wird zunehmend komplexer (positive Sukzession).

3 Kennst du noch eine andere weitere Biozönose, die das gleiche Schicksal erleidet wie der Baumstumpf?

Tierleiche

4 Untersuche einen älteren Baumstumpf. Schneide die Baumstumpfvorlage aus und klebe sie mitten in dein Heft. Wenn du nun Tiere an dem realen Baumstumpf bestimmst, dann zeichne sie um den Stumpf in deinem Heft herum und gib an, in welchen Bereichen sie sich befanden (Mulm, Holz usw.).
Musterlösung:

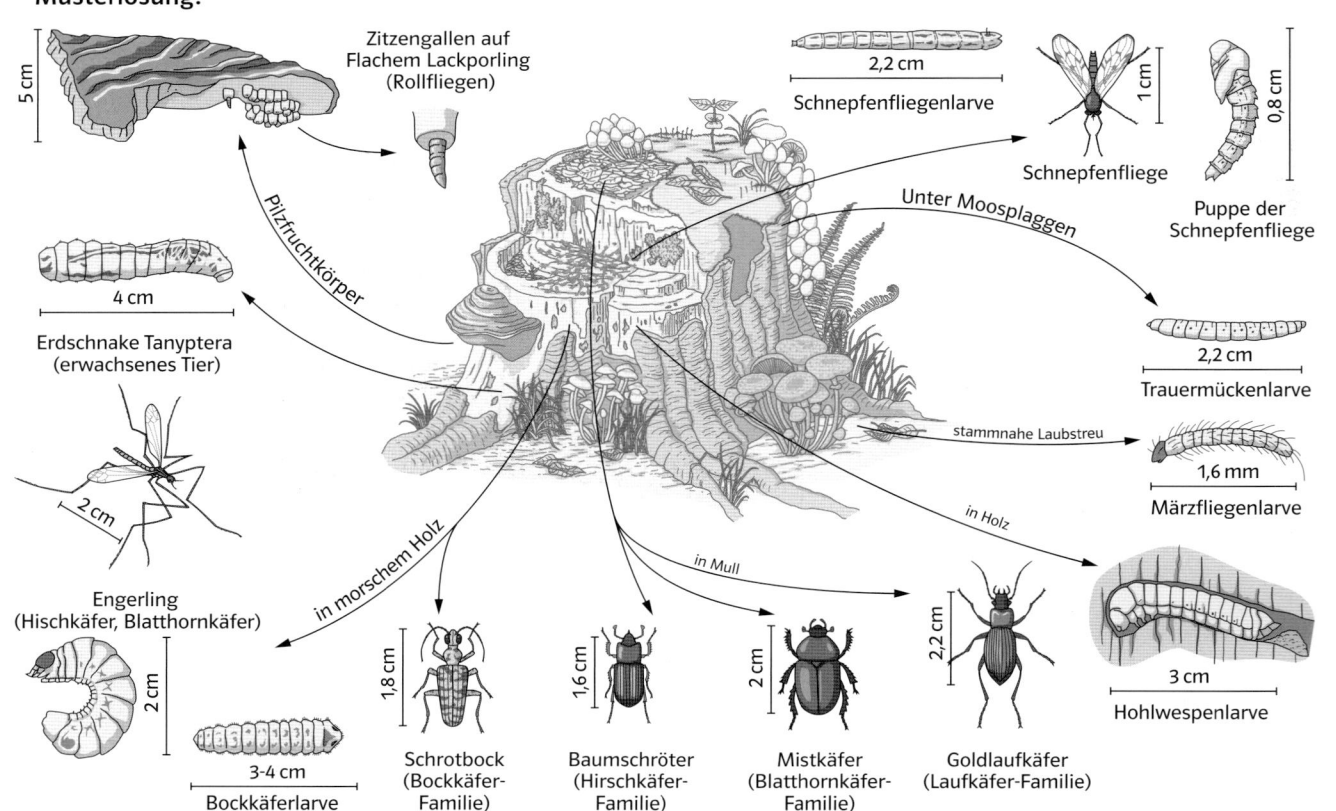

64 Arbeitsblätter Biologie

Terrestrische Ökosysteme

Biozönose Baumstumpf

1 Was versteht man unter einer Biozönose? _____

2 Wie unterscheidet sich die Biozönose „Baumstumpf" von anderen Biozönosen, z. B. der Wiese? Überlege, was im Laufe von vielen Jahren mit den genannten Biozönosen passiert.

_____

_____

_____

_____

3 Kennst du noch eine andere weitere Biozönose, die das gleiche Schicksal erleidet wie der Baumstumpf?

_____

4 Untersuche einen älteren Baumstumpf. Schneide die Baumstumpfvorlage aus und klebe sie mitten in dein Heft. Wenn du nun Tiere an dem realen Baumstumpf bestimmst, dann zeichne sie um den Stumpf in deinem Heft herum und gib an, in welchen Bereichen sie sich befanden (Mulm, Holz usw.).

Lösung

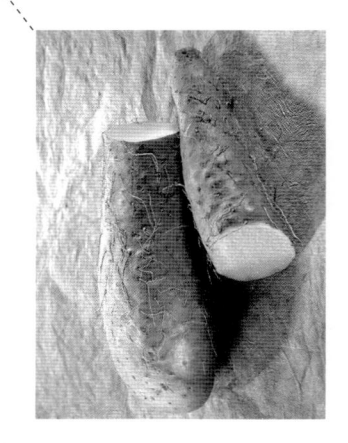

Regenwald — Fluch und Segen?

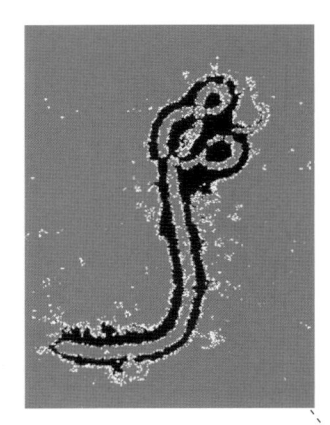

Information:
Es mussten nicht erst Filme wie „Outbreak" oder „12 Monkeys" produziert werden, um auf gefährliche Viren aufmerksam zu machen, deren Wirte vermutlich im Regenwald leben und die den (ansonsten ungewöhnlichen) Artensprung zum Menschen schaffen. Fast jede Zeitung hat in jüngster Zeit von den „Killerviren" berichtet.

1 Vor einigen „Regenwaldviren" hast du sicher schon gehört, erkundige dich und benenne sie.
Ebola, Machupo, Chikungunya, Lassa, Dengue, Marburg

2 Wie sieht das Krankheitsbild von Ebolaviren aus?
90 % letal in max. 10 Tagen, Verflüssigung der Unterhaut, Zunge und Rachen schälen sich, Adern platzen, inneres Verbluten, keine Hilfe derzeit.

3 Warum hielten sich die bisherigen Epidemien noch stets in gewissen Grenzen?
Zahl der Kontaktpersonen bei schnellem Verlauf zu gering, Übertragung meist nur durch intimen Kontakt und Blut (vgl. HIV), Ebola (Zaire) Tröpfcheninfektion.

4 Warum sprechen einige Forscher von „Der Rache des Regenwaldes"?
Veränderung und Öffnung der Lebensräume der Wirte im Regenwald durch Abholzung, Straßen- und Siedlungsbau, weltweiten Tierhandel, Aufheizen der Erdatmosphäre und Ferntourismus.

3 Nenne einige Pflanzen und ihre Wirkung.
Yamswurzeln – Stärke gegen Rheuma, Grundstoff für Antibabypillen, Chinarinde mit Chinin gegen Malaria, Kalabarbohnenextrakt gegen Grünen Star und Bluthochdruck, Guarana als Erfrischungsgetränk, Hydnocarpussamenöl gegen Lepra.

2 Erläutere die Bezeichnungen „Erbgutreserve Regenwald" und „Apotheke Regenwald".
Genetische Ressourcen, d. h. unzählige Pflanzen und Tiere sind noch nicht bekannt, könnten aber mit ihrem Erbgut im Kampf gegen Krankheiten der Kulturformen durch Einkreuzung helfen, ständig neue Gift- und Heilpflanzen versprechen Wirkung gegen Krankheiten bis hin zu Krebs oder Aids.

1 Niemand wird ernsthaft der weiteren Abholzung der Regenwälder das Wort reden, aber den Regenwald überhaupt nicht zu nutzen, diese Ansicht wird von kaum jemandem vertreten.
Nenne einige Regenwaldprodukte außer Holz.
Früchte (Kakao, Ananas, Sternfrucht), Nüsse (Muskat- und Paranuss), Gewürze (Zimt, Nelken, Ingwer), Gummi (Kautschuk, Latex).

66 Arbeitsblätter Biologie

Terrestrische Ökosysteme

Regenwald — Fluch und Segen?

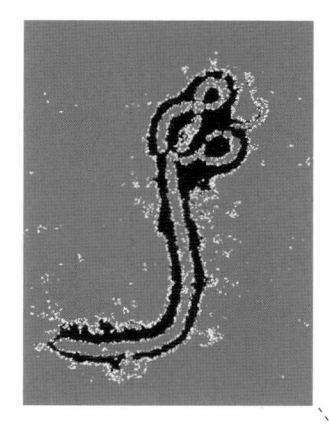

Information:
Es mussten nicht erst Filme wie „Outbreak" oder „12 Monkeys" produziert werden, um auf gefährliche Viren aufmerksam zu machen, deren Wirte vermutlich im Regenwald leben und die den (ansonsten ungewöhnlichen) Artensprung zum Menschen schaffen. Fast jede Zeitung hat in jüngster Zeit von den „Killerviren" berichtet.

1 Vor einigen „Regenwaldviren" hast du sicher schon gehört, erkundige dich und benenne sie.

2 Wie sieht das Krankheitsbild von Ebolaviren aus?

3 Warum hielten sich die bisherigen Epidemien noch stets in gewissen Grenzen?

4 Warum sprechen einige Forscher von „Der Rache des Regenwaldes"?

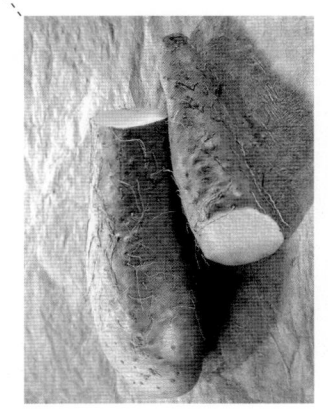

3 Nenne einige Pflanzen und ihre Wirkung.

2 Erläutere die Bezeichnungen „Erbgutreserve Regenwald" und „Apotheke Regenwald".

1 Niemand wird ernsthaft der weiteren Abholzung der Regenwälder das Wort reden, aber den Regenwald überhaupt nicht zu nutzen, diese Ansicht wird von kaum jemandem vertreten. Nenne einige Regenwaldprodukte außer Holz.

Regenwald — Memory

Die Regeln für das Spiel Memory kennst du sicher. Von jedem Kästchen benötigst du zwei Exemplare, klebe die Kärtchen vor dem Ausschneiden auf einen dünnen Karton, koloriere die Tiere, schneide aus und schon kann es losgehen. Die Zahl deiner Kartenpaare solltest du stufenweise erhöhen, zunächst kannst du ja nur mit Tieren eines bestimmten Regenwaldes spielen.

Du lernst natürlich auch eine Menge, wenn du z.B. die Tiere des Regenwaldes in Afrika mit denen in Südostasien vergleichst: Stellvertreter lassen sich finden, Nahrungsketten und -netze lassen sich erstellen, die Tiere können auch nach Wimpfel- bis Bodenleben oder auch nach ihrer systematischen Zugehörigkeit sortiert werden. Spannend wird es, wenn du versuchst, mit Hilfe von Tierlexika Steckbriefe zu den Tieren zu erstellen, dabei wirst du so manches Unglaubliche erfahren.

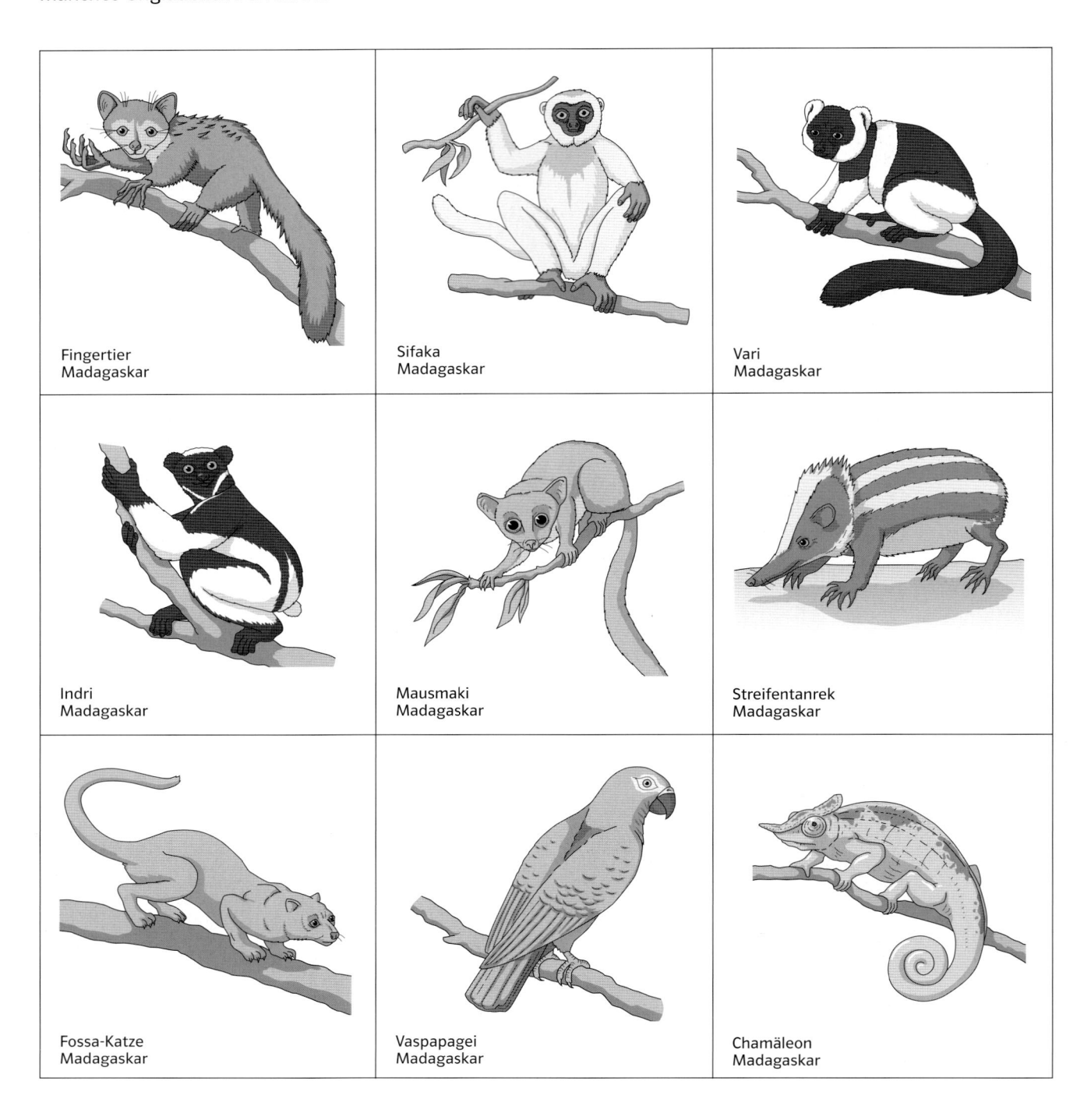

Fingertier Madagaskar	Sifaka Madagaskar	Vari Madagaskar
Indri Madagaskar	Mausmaki Madagaskar	Streifentanrek Madagaskar
Fossa-Katze Madagaskar	Vaspapagei Madagaskar	Chamäleon Madagaskar

68 Arbeitsblätter Biologie

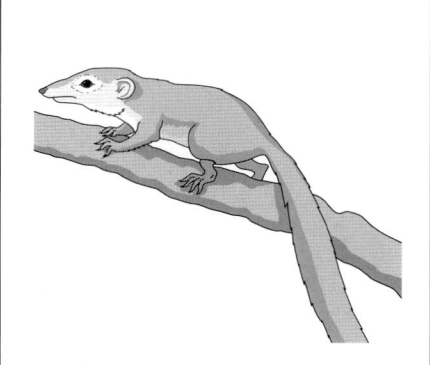

Terrestrische Ökosysteme

Spitzhörnchen Sumatra	 Koboldmaki Sumatra	 Roter Langur Sumatra
 Siamang Sumatra	 Orang-Utan Sumatra	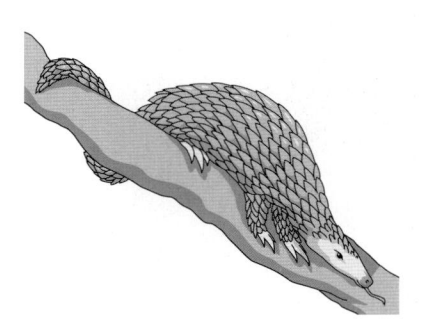 Schuppentier Sumatra
 Malaienbär Sumatra	 Bänderlinsang Sumatra	 Nebelparder Sumatra
 Sumatra-Tiger Sumatra	 Schabrackentapir Sumatra	 Sumatra-Nashorn Sumatra

© Ernst Klett Verlag GmbH, Stuttgart 2010. Als Kopiervorlage freigegeben.

Arbeitsblätter Biologie

Kleinkantschil Sumatra	Muntjak Sumatra	Malaienadler Sumatra
Argusfasan Sumatra	Bankivahuhn Sumatra	Doppelhornvogel Sumatra
Neunfarbenpitta Sumatra	Bindenwaran Sumatra	Flugdrache Sumatra
Netzpython Sumatra	Flugfrosch Sumatra	Vogelfalter Sumatra

Arbeitsblätter Biologie

Terrestrische Ökosysteme

Langschnabeligel Neuguinea	 Tüpfelkuskus Neuguinea	 Baumkänguru Neuguinea
 Urwalddingo Neuguinea	 Kasuar Neuguinea	 Krontaube Neuguinea
 Arakakadu Neuguinea	 Hüttengärtner Neuguinea	 Großer Paradiesvogel Neuguinea
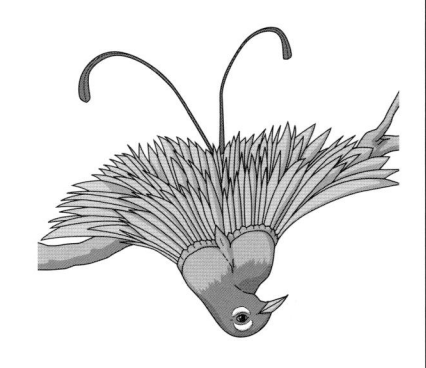 Blauer Paradiesvogel Neuguinea	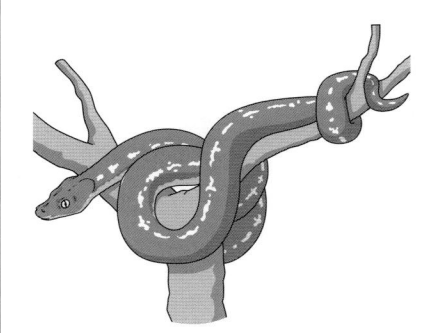 Grüner Baumpython Neuguinea	 Grüner Leguan Neuguinea

Arbeitsblätter Biologie

Vieraugenbeutelratte Amazonas	Roter Brüllaffe Amazonas	Kapuzineraffe Amazonas
Nachtaffe Amazonas	Klammeraffe Amazonas	Totenkopfäffchen Amazonas
Dreizehenfaultier Amazonas	Tamandua Amazonas	Capybara Amazonas
Waldhund Amazonas	Nasenbär Amazonas	Jaguar Amazonas

Terrestrische Ökosysteme

Tapir Amazonas	Pekari Amazonas	Roter Sichler Amazonas
Harpyie Amazonas	Hokko Amazonas	Trompetenvogel Amazonas
Amazone Amazonas	Araruna Amazonas	Kolibris Amazonas
Tukan Amazonas	Abgottschlange Amazonas	Kaiman Amazonas

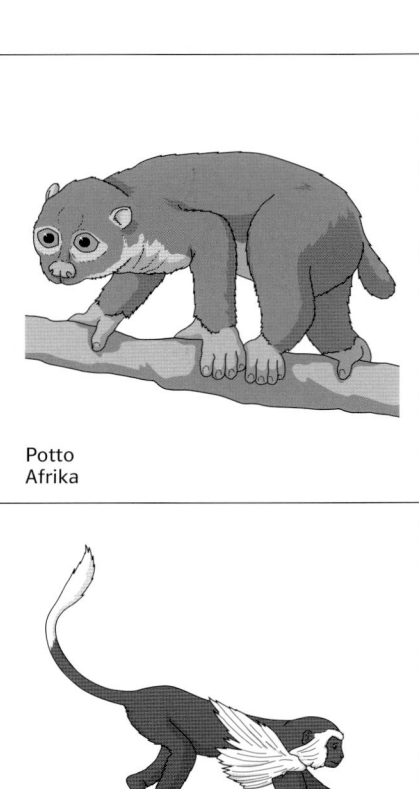

Potto Afrika	 Zwerggalago Afrika	 Monameerkatze Afrika
 Guereza Afrika	  Schimpanse Afrika	 Weißbauch-Schuppentier Afrika
 Dornschwanzhörnchen Afrika	 Leopard Afrika	 Baumschliefer Afrika
 Pinselohrschwein Afrika	 Hirschferkel Afrika	 Okapi Afrika

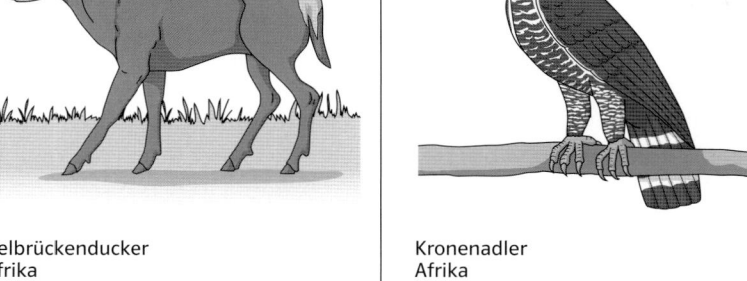

Terrestrische Ökosysteme

Gelbrückenducker Afrika	Kronenadler Afrika	Kongopfau Afrika
Graupapagei Afrika	Riesenturako Afrika	Palmhornvogel Afrika
Pitta Afrika	Nektarvögel Afrika	Gabunviper Afrika
Grünnatter Afrika	Königspython Afrika	Goliathkäfer Afrika

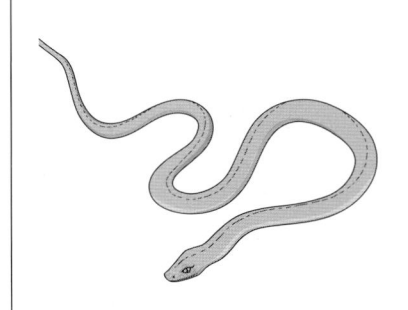

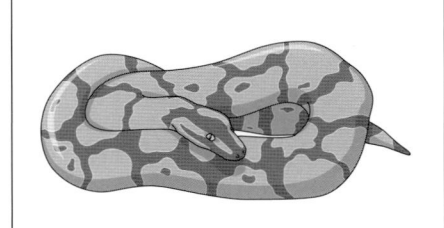

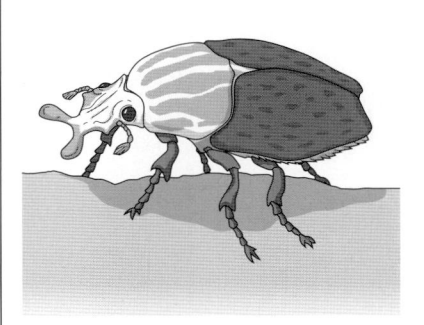

Arbeitsblätter Biologie

Lösung

Faulheit ist Trumpf

Information:
Faultiere leben heute nur noch in Mittel- und Südamerika. Ihre Verwandten, die Riesenfaultiere, die auf dem Boden lebten, sind in der Eiszeit ausgestorben (Megatherium, elefantengroß). Die heute noch lebenden fünf Arten sind strikte Baumbewohner. Sie gehören zu den Nebengelenktieren (Verwandtschaft zu den Gürteltieren) und gliedern sich in die Dreifinger- und die Zweifingerfaultiere. So hat das Unau zwei Sichelkrallen an den Händen, das Ai hat drei Sichelkrallen vorne. Ais sind extreme Nahrungsspezialisten, Unaus sind nicht so wählerisch in ihrer pflanzlichen Kost. Ais haben neun Halswirbel und ein Stummelschwänzchen. Alle Faultiere besitzen symbiontische Algen in ihrem Fell. Letzteres hat den Fellstrich gegenüber allen anderen Säugern anders herum, d.h., der Haarscheitel ist nicht auf dem Rücken, sondern auf dem Bauch. Ihre Feinde sind große Katzen und der Mensch.

1 Ordne die abgebildeten Faultiere systematisch zu.

Dreifingerfaultier, Ai   Zweifingerfaultier, Unau

2 Welche Vorteile hat die Symbiose der Faultiere?

Algen leben geschützt in feuchtwarmem Klima, Faultier schimmert grün – Tarnung

3 Warum sind Faultiere so „faul", bewegen sich also bestenfalls in Zeitlupe?

Es besteht keine Notwendigkeit für eine schnellere Fortbewegung. Nahrung wächst ihnen ins Maul; Tarnung vor ihren stark optisch orientierten Feinden, Tarnfarben durch Algen.

4 Warum verläuft der Fellstrich bei Faultieren anders herum?

Regen und tropfende Nässe laufen bei der ständigen Hangelhaltung besser ab.

5 Warum haben Ais neun Halswirbel entwickelt?

Sie können nun, ohne ihre Haltung aufzugeben, den Kopf um 180° drehen und nach vorne schauen.

Terrestrische Ökosysteme

Faulheit ist Trumpf

Information:
Faultiere leben heute nur noch in Mittel- und Südamerika. Ihre Verwandten, die Riesenfaultiere, die auf dem Boden lebten, sind in der Eiszeit ausgestorben (Megatherium, elefantengroß). Die heute noch lebenden fünf Arten sind strikte Baumbewohner. Sie gehören zu den Nebengelenktieren (Verwandtschaft zu den Gürteltieren) und gliedern sich in die Dreifinger- und die Zweifingerfaultiere. So hat das Unau zwei Sichelkrallen an den Händen, das Ai hat drei Sichelkrallen vorne. Ais sind extreme Nahrungsspezialisten, Unaus sind nicht so wählerisch in ihrer pflanzlichen Kost. Ais haben neun Halswirbel und ein Stummelschwänzchen. Alle Faultiere besitzen symbiontische Algen in ihrem Fell. Letzteres hat den Fellstrich gegenüber allen anderen Säugern anders herum, d.h., der Haarscheitel ist nicht auf dem Rücken, sondern auf dem Bauch. Ihre Feinde sind große Katzen und der Mensch.

1 Ordne die abgebildeten Faultiere systematisch zu.

2 Welche Vorteile hat die Symbiose der Faultiere?

3 Warum sind Faultiere so „faul", bewegen sich also bestenfalls in Zeitlupe?

4 Warum verläuft der Fellstrich bei Faultieren anders herum?

5 Warum haben Ais neun Halswirbel entwickelt?

Lösung

Kampf ums Licht

1 Beschrifte den Stockwerkbau des Regenwaldes.

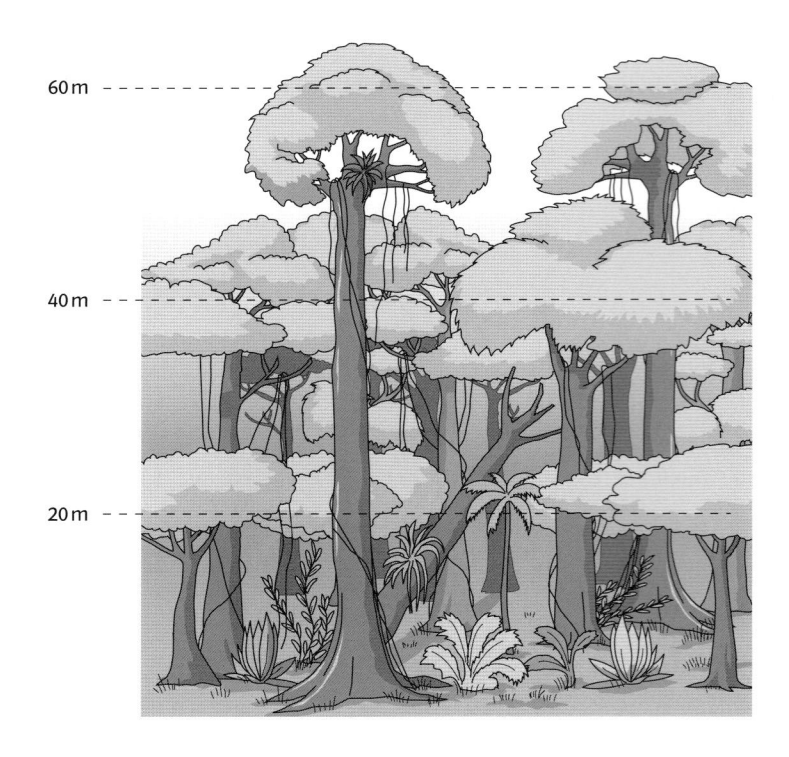

Kronen der herausragenden Baumriesen

Obere Kronenregion

Untere Kronenregion

Unteres Stockwerk

Bodenschicht

2 Benenne den Aufbau der europäischen Wälder.

Baumschicht, Strauchschicht, Kräuter/Gräser, Moose, Wurzelschicht

3 Aufsitzerpflanzen (Aerophyten) halten sich mit ihren Wurzeln an Baumästen und in Astgabeln fest. Male die Aero- oder Epiphyten in der Regenwaldskizze farbig aus. Bromelien sind auch bei uns als Zimmerpflanzen verbreitet. Worauf muss man bei der Pflege dieser Pflanzen unbedingt achten?

Gießwasser muss in die Blattrosette, die Wurzeln haben nur noch Haltefunktion und faulen, wenn die Erde zu nass wird.

4 Tarzans Lianen sind nur im Film geeignet, um sich von Baum zu Baum zu schwingen. In Wirklichkeit verholzen die bis zu 400 m langen Geschöpfe sehr stark und sind die größten Gefahren für Holzfäller. Alle Lianen wurzeln am Boden, wie erreichen sie das Licht?

Rankende Formen erwischen junge Bäume und wachsen mit in die Höhe, schlingende Formen wachsen an den Bäumen empor.

Kampf ums Licht

1 Beschrifte den Stockwerkbau des Regenwaldes.

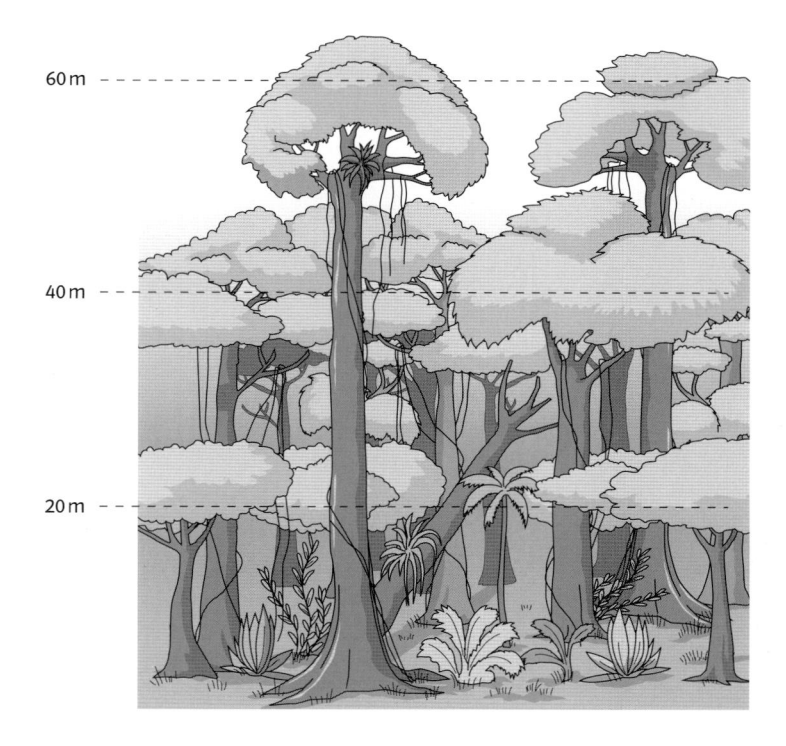

_____

_____

_____

_____

_____

_____

2 Benenne den Aufbau der europäischen Wälder.

_____

_____

3 Aufsitzerpflanzen (Aerophyten) halten sich mit ihren Wurzeln an Baumästen und in Astgabeln fest. Male die Aero- oder Epiphyten in der Regenwaldskizze farbig aus. Bromelien sind auch bei uns als Zimmerpflanzen verbreitet. Worauf muss man bei der Pflege dieser Pflanzen unbedingt achten?

_____

_____

4 Tarzans Lianen sind nur im Film geeignet, um sich von Baum zu Baum zu schwingen. In Wirklichkeit verholzen die bis zu 400 m langen Geschöpfe sehr stark und sind die größten Gefahren für Holzfäller. Alle Lianen wurzeln am Boden, wie erreichen sie das Licht?

_____

_____

Lösung

Die letzten Regenwälder

1 Nimm deinen Atlas zur Hand und zeichne in die Weltkarte die großen Regenwaldgebiete der Welt ein.

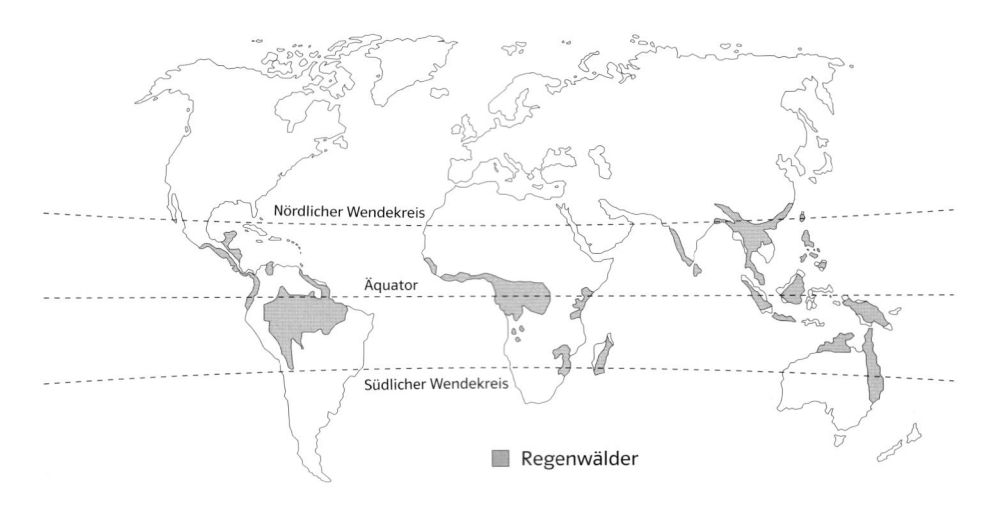

Papier ist geduldig; du solltest dir darüber klar werden, dass bereits weite Teile der von dir eingezeichneten Flächen unwiderruflich zerstört sind. Trotz aller Bemühungen werden auch heute noch in jeder Minute ca. 40 ha. (50 Fußballplätze) Regenwald vernichtet. Über die Hälfte aller Regenwälder liegen im Staatsgebiet von Brasilien, Zaire und Indonesien.

2 Benenne die Hauptexportländer von Tropenholz in Asien und Afrika.

Malaysia, Philippinen, Indonesien, Papua Neuguinea, Elfenbeinküste, Kamerun, Gabun, Liberia

3 Der Hauptabnehmer für Tropenholz ist mit einem 50%igen Anteil Japan, demzufolge werden dort Jahr für Jahr rund 15 Mio. m³ Holz verarbeitet. Woher bezieht Deutschland sein Tropenholz?

Kamerun und Elfenbeinküste

4 Fachleute unterscheiden viele Formen von Regenwald, charakterisiere kurz die drei wesentlichen Typen.

Tieflandregenwald: klassischer Regenwald, 26°C, 80% Luftfeuchtigkeit, Niederschläge mind. 1,8 m/Jahr, äquatornah

Gebirgsregenwald: tropische Gebirge 1800 m bis 3500 m, hohe Luftfeuchtigkeit meist als Nebel, nachts wird der Gefrierpunkt ereicht

Halbimmergrüner Regenwald: Jahreszeiten stärker ausgeprägt, Trockenzeit mit teilweisem Laubfall, in der Nähe der Wendekreise

Terrestrische Ökosysteme

Die letzten Regenwälder

1 Nimm deinen Atlas zur Hand und zeichne in die Weltkarte die großen Regenwaldgebiete der Welt ein.

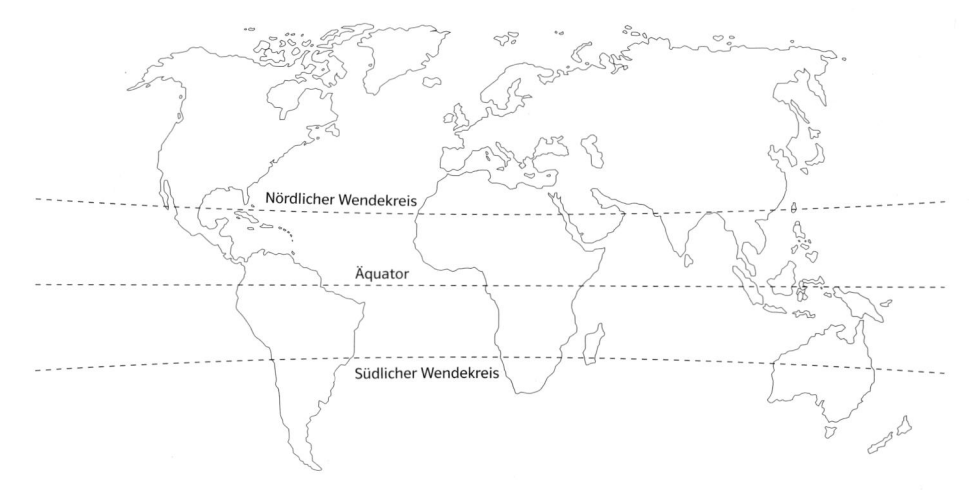

(Weltkarte mit Nördlicher Wendekreis, Äquator, Südlicher Wendekreis)

Papier ist geduldig; du solltest dir darüber klar werden, dass bereits weite Teile der von dir eingezeichneten Flächen unwiderruflich zerstört sind. Trotz aller Bemühungen werden auch heute noch in jeder Minute ca. 40 ha. (50 Fußballplätze) Regenwald vernichtet. Über die Hälfte aller Regenwälder liegen im Staatsgebiet von Brasilien, Zaire und Indonesien.

2 Benenne die Hauptexportländer von Tropenholz in Asien und Afrika.

_____

_____

3 Der Hauptabnehmer für Tropenholz ist mit einem 50%igen Anteil Japan, demzufolge werden dort Jahr für Jahr rund 15 Mio. m³ Holz verarbeitet. Woher bezieht Deutschland sein Tropenholz?

_____

4 Fachleute unterscheiden viele Formen von Regenwald, charakterisiere kurz die drei wesentlichen Typen.

_____

_____

_____

_____

_____

© Ernst Klett Verlag GmbH, Stuttgart 2010. Als Kopiervorlage freigegeben.   Arbeitsblätter Biologie

Von der Hand in den Mund

1 Beschrifte den Kohlenstoffkreislauf im tropischen Regenwald (A).

▨ *Bindung des Kohlenstoff durch Produzenten und Weitergabe organischer Verbindungen an die Konsumenten*

▩ *Teilabbau der organischen Substanz durch Saprophyten*

☐ *Vollständiger Abbau der organischen Substanz zu Kohlenstoffdioxid*

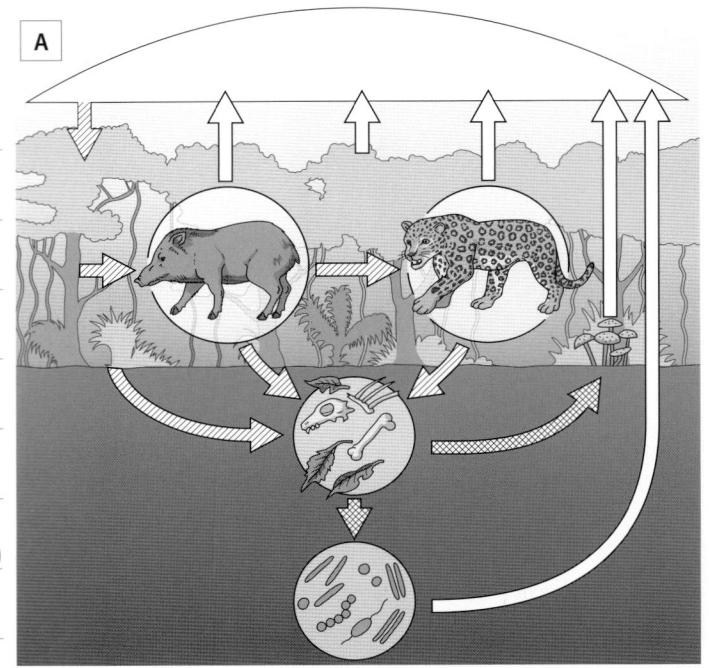

2 Betrachte die Skizzen B und C. Kannst du nun erklären, dass abgeholzter Regenwald unwiderruflich verloren ist? Sogenannte Sekundärwälder brauchen mehrere Hundert Jahre zum Aufwuchs und sind sehr artenverschieden und artenarm zum entsprechenden Primärwald.

Rund 90 % der Nährstoffvorräte stecken beim Regenwald in der lebenden Biomasse. Es gibt kaum Humus und die Erde ist nährstoffarm. In unseren Wäldern wird durch die Winterkälte nur ein Teil der Substanz umgebaut. Es gibt Laubstreu, viel Humus und viele Nährstoffe im Boden.

3 Erkläre, was nach dem Abholzen von Regenwald geschieht.

Die Biomasse fehlt und kann nicht mehr rund 75 % der Niederschläge verdunsten, der freie Boden kann die Wassermassen nicht aufnehmen: Die dünne Nährstoffschicht wird weggespült (erodiert), Versteppung droht.

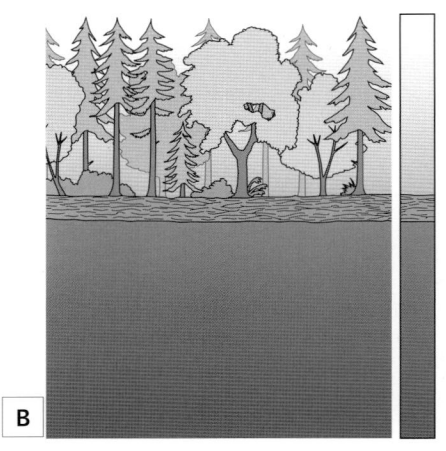

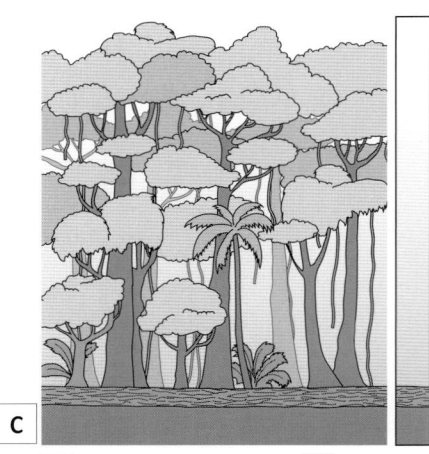

☐ Lebende Pflanzen ▨ Erde
▤ Tote Pflanzen

Terrestrische Ökosysteme

Von der Hand in den Mund

1 Beschrifte den Kohlenstoffkreislauf im tropischen Regenwald (A).

▨ _____

▩ _____

☐ _____

2 Betrachte die Skizzen B und C. Kannst du nun erklären, dass abgeholzter Regenwald unwiderruflich verloren ist? Sogenannte Sekundärwälder brauchen mehrere Hundert Jahre zum Aufwuchs und sind sehr artenverschieden und artenarm zum entsprechenden Primärwald.

_____
_____
_____
_____
_____

3 Erkläre, was nach dem Abholzen von Regenwald geschieht.

_____
_____
_____
_____

☐ Lebende Pflanzen ▨ Erde
▩ Tote Pflanzen

Ökosystem Mangrove

1 Welche Probleme müssen Mangrovenpflanzen bewältigen?

Schwankender Salzgehalt, Überflutung (Sauerstoffproblem), Standsicherheit, Blitzbewurzelung und Verankerung der Keimlinge, Strömungen

2 Beschrifte die Abbildung:

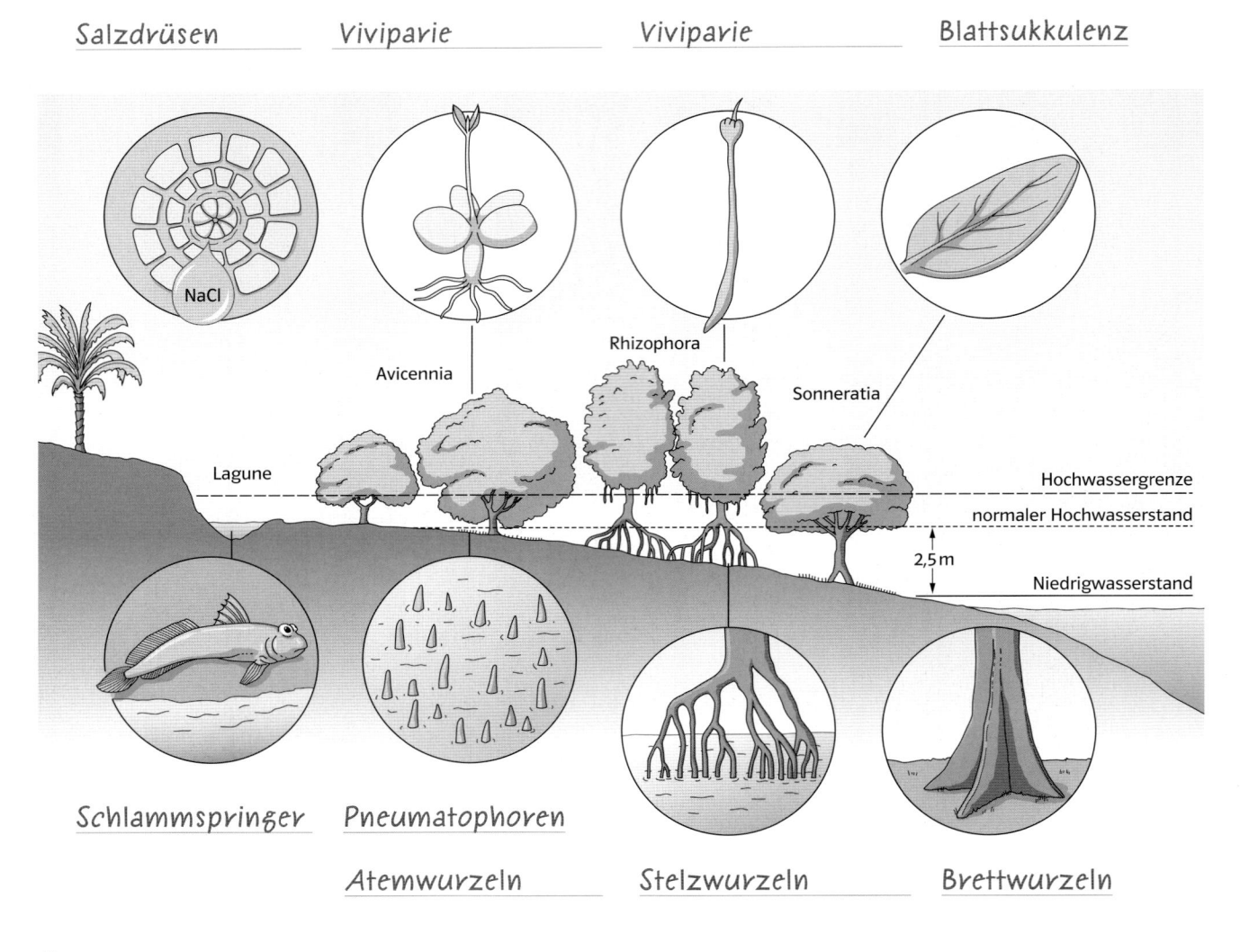

Salzdrüsen — Viviparie — Viviparie — Blattsukkulenz

Schlammspringer — Pneumatophoren Atemwurzeln — Stelzwurzeln — Brettwurzeln

3 Als man an den Küsten Australiens große Teile der Mangroven abholzte für Siedlungsflächen, Yachthäfen, Holzkohle und Bauholz (resistent gegen Termiten und den Schiffsbohrwurm), gingen die Erträge der Krabben- und Fischfänger drastisch zurück. Versuche, einen Zusammenhang zwischen den Ereignissen zu finden.

Die Mangroven sind Nahrungsquelle, Brutrevier, Versteck und damit Lebensraum für zahlreiche Lebewesen, insbesondere Krebse und viele Fischarten.

Ökosystem Mangrove

1 Welche Probleme müssen Mangrovenpflanzen bewältigen?

_____

_____

2 Beschrifte die Abbildung:

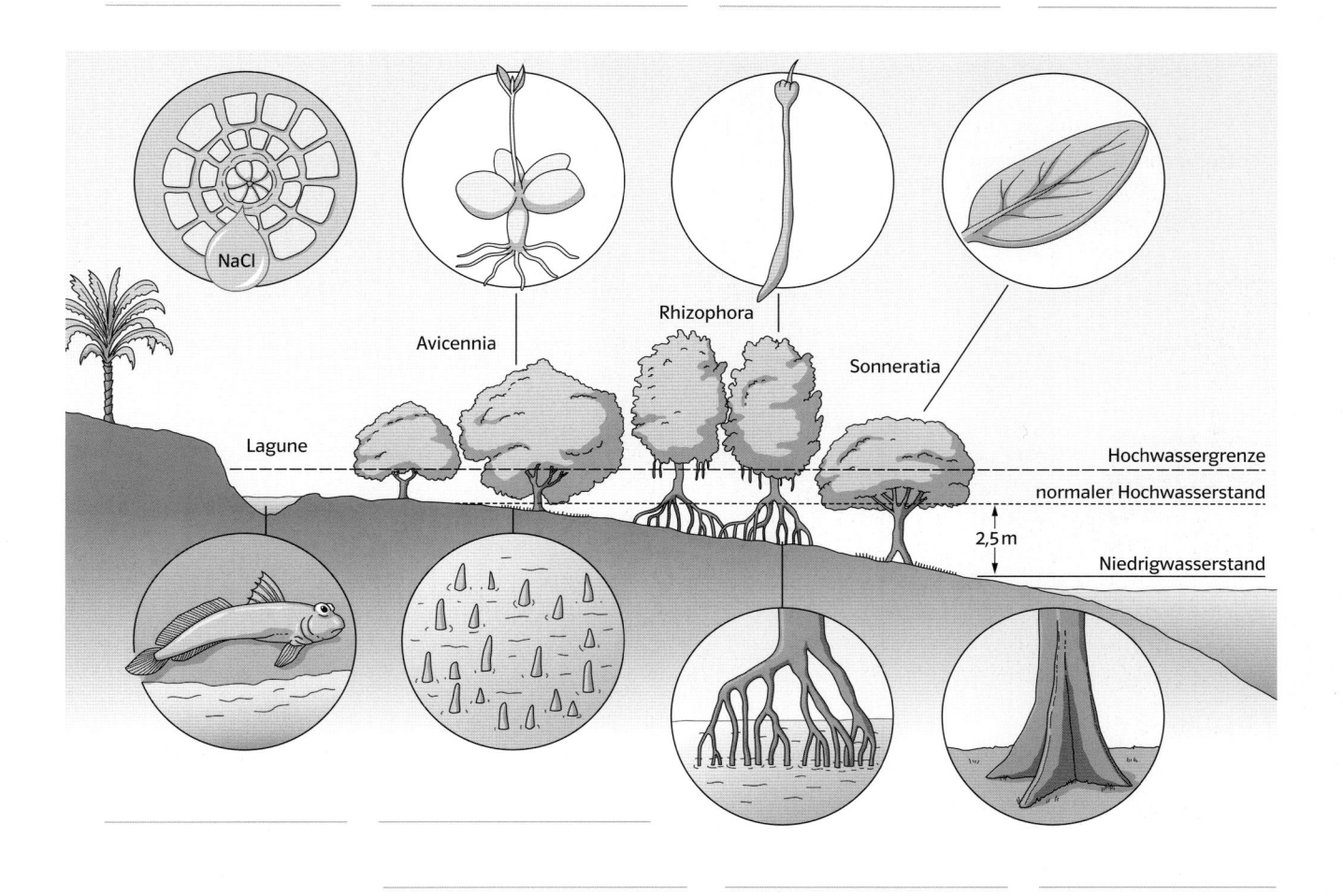

3 Als man an den Küsten Australiens große Teile der Mangroven abholzte für Siedlungsflächen, Yachthäfen, Holzkohle und Bauholz (resistent gegen Termiten und den Schiffsbohrwurm), gingen die Erträge der Krabben- und Fischfänger drastisch zurück. Versuche, einen Zusammenhang zwischen den Ereignissen zu finden.

_____

_____

_____

Lösung

„Schädlingsbekämpfung" — Rettet den Kohl

1 Zum Schutz einer typischen Kulturpflanze wie dem Kohl stehen zahlreiche Schädlingsbekämpfungsmaßnahmen mit mehr oder weniger großer Erfolgsaussicht zur Verfügung.
Ordne die folgenden Begriffe unter die vorgegebenen Kategorien ein:
Förderung von Nützlingen, Insektizide, Netze, Absammeln, Sortenwahl, Herbizide, Fungizide, Selbstvernichtungsverfahren, Fruchtfolge, Bodenpflege, Warntöne, Fallen, Mikrobiologische Verfahren, Düngung, Biotechnische Verfahren, Leimringe, Standortwahl.

Physikalische Verfahren

Fallen — Warntöne — Absammeln

Leimringe — Netze

Kulturtechnische Verfahren

Bodenpflege

Düngung

Standortwahl

Sortenwahl

Fruchtfolge

Chemische Verfahren

Herbizide

Fungizide

Insektizide

Biologische Verfahren

Förderung von Nützlingen — Selbstvernichtungsverfahren

Mikrobiologische Verfahren — Biotechnische Verfahren

2 Überlege, welche Verfahren im Hausgarten einfach anwendbar sind.

Kulturtechnische und einige physikalische Verfahren, aber auch biotechnische Verfahren und die Förderung von Nützlingen.

3 Bei den biotechnischen Verfahren kennt man die Wirkung von „Repellentien" und „Attraktantien", informiere dich darüber.

Repellentien: Abschreckmittel, z.B. Geruch, Geschmack, Aussehen, Lärm

Attraktantien: Lockstoffe, z.B. Farben, chemische Stoffe (Pheromone)

„Schädlingsbekämpfung" — Rettet den Kohl

1 Zum Schutz einer typischen Kulturpflanze wie dem Kohl stehen zahlreiche Schädlingsbekämpfungsmaßnahmen mit mehr oder weniger großer Erfolgsaussicht zur Verfügung.
Ordne die folgenden Begriffe unter die vorgegebenen Kategorien ein:
Förderung von Nützlingen, Insektizide, Netze, Absammeln, Sortenwahl, Herbizide, Fungizide, Selbstvernichtungsverfahren, Fruchtfolge, Bodenpflege, Warntöne, Fallen, Mikrobiologische Verfahren, Düngung, Biotechnische Verfahren, Leimringe, Standortwahl.

Physikalische Verfahren

Kulturtechnische Verfahren

Chemische Verfahren

Biologische Verfahren

2 Überlege, welche Verfahren im Hausgarten einfach anwendbar sind.

3 Bei den biotechnischen Verfahren kennt man die Wirkung von „Repellentien" und „Attraktantien", informiere dich darüber.

Lösung

Kohlweißlingplage

Entwicklung des Kohlweißlings im Verlauf eines Jahres

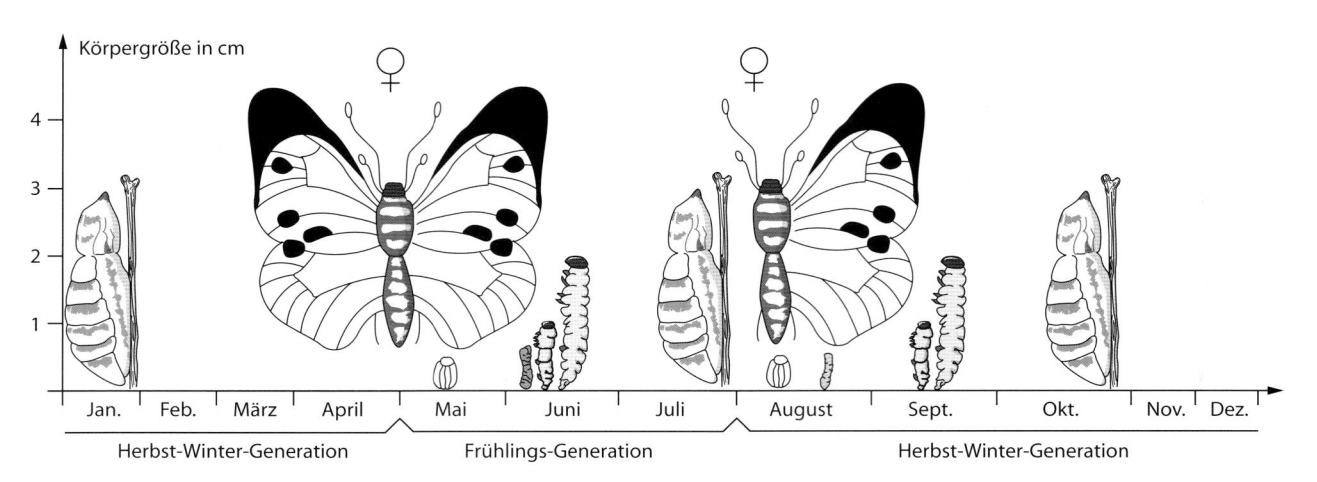

Herbst-Winter-Generation | Frühlings-Generation | Herbst-Winter-Generation

1 Gib an, welche Schädlingsbekämpfungsverfahren in welchem Zeitraum geeignet sind.

Die Frühlingsgeneration spielt nur eine untergeordnete Rolle, zumal die Eier auf wild wachsenden Kreuzblütlern wie Wiesenschaumkraut und Ackersenf abgelegt werden. Mischkultur mit Tomaten schützt vor dem Anflug der Weibchen; Nachführung der Kohlraupen-Schlupfwespe, sie parasitiert die Jungraupen, ihre Larven fressen die Raupen von innen auf; Spritzen mit Bacillus thuringiensis, die Darmwände der Raupen lösen sich auf; alle Methoden haben keine weitere bekannte Nebenwirkung.

2 Benenne die Organe der Raupe.

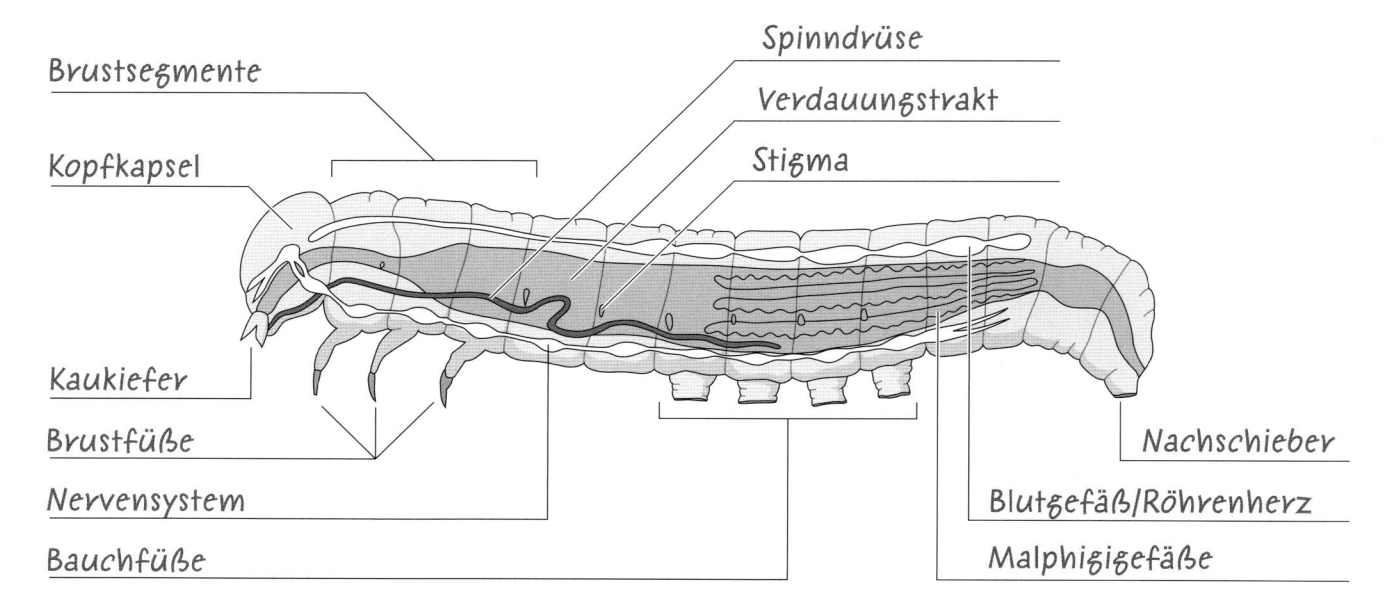

Beschriftungen: Brustsegmente, Kopfkapsel, Kaukiefer, Brustfüße, Nervensystem, Bauchfüße, Spinndrüse, Verdauungstrakt, Stigma, Nachschieber, Blutgefäß/Röhrenherz, Malphigigefäße

88 Arbeitsblätter Biologie

Terrestrische Ökosysteme

Kohlweißlingplage

Entwicklung des Kohlweißlings im Verlauf eines Jahres

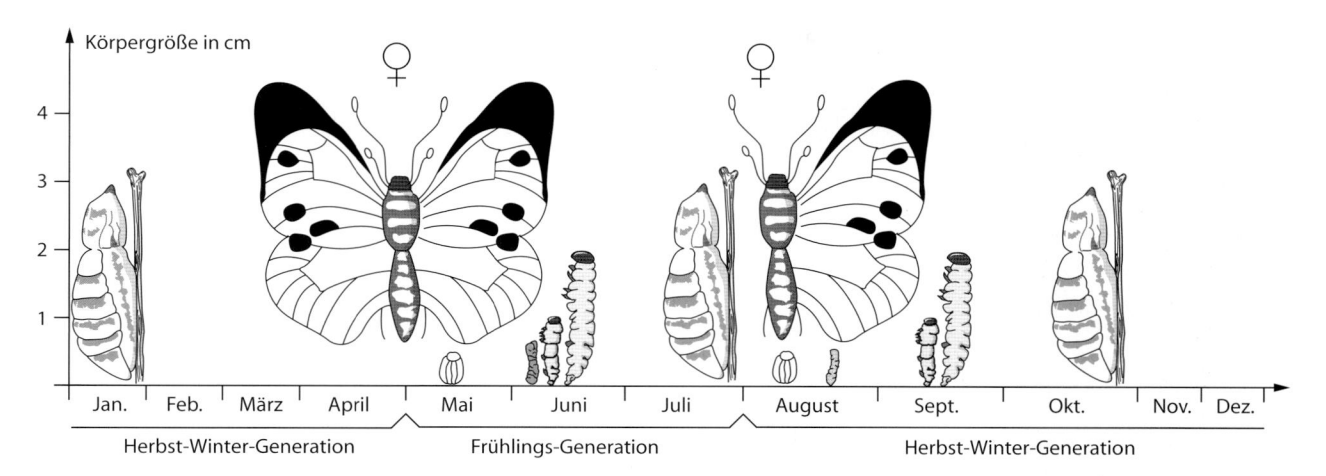

Herbst-Winter-Generation | Frühlings-Generation | Herbst-Winter-Generation

1 Gib an, welche Schädlingsbekämpfungsverfahren in welchem Zeitraum geeignet sind.

2 Benenne die Organe der Raupe.

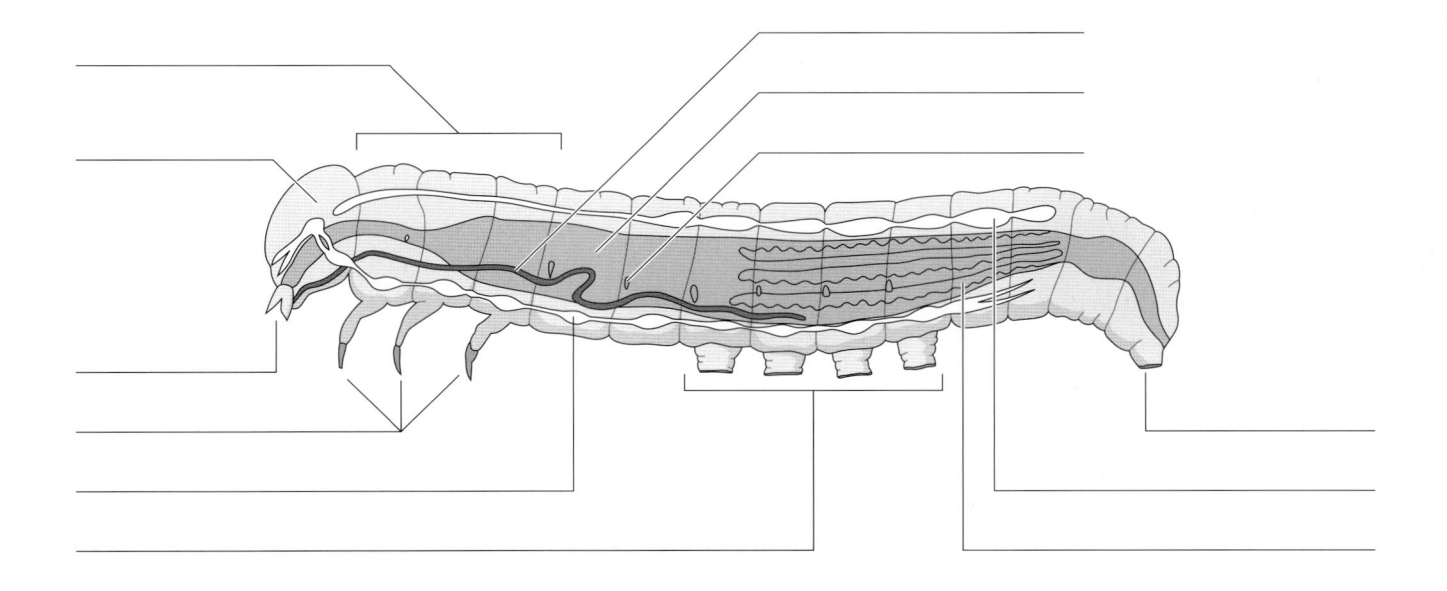

Wiesengesellschaft

1 Ordne die abgebildeten Pflanzen zu und male die Blütenfarbe ein.

- [f] Schafgarbe
- [a] Wiesenklee
- [j] Wiesenfuchsschwanz
- [b] Bärenklau
- [d] Scharfer Hahnenfuß
- [c] Margerite
- [g] Taubnessel
- [l] Löwenzahn
- [i] Honiggras
- [k] Knäuelgras
- [h] Glockenblume
- [e] Wiesenstorchschnabel

2 Welche der abgebildeten Tiere sind keine ausgesprochenen Wiesenbewohner?

Mäusebussard, Igel

3 Ab Mitte Mai kann man an Wiesenpflanzen Schaumgebilde wie Spucke beobachten (in der Abb. am Wiesenstorchschnabel). Informiere dich über dieses auch als „Kuckucksspeichel" bezeichnete Phänomen.

Es sind die Kinderstuben der Schaumzikaden. Ihre Larven sind in dem Schaum gut vor Fressfeinden und Austrocknung geschützt.

Terrestrische Ökosysteme

Wiesengesellschaft

1 Ordne die abgebildeten Pflanzen zu und male die Blütenfarbe ein.

☐ Schafgarbe ☐ Bärenklau ☐ Taubnessel ☐ Knäuelgras
☐ Wiesenklee ☐ Scharfer Hahnenfuß ☐ Löwenzahn ☐ Glockenblume
☐ Wiesenfuchsschwanz ☐ Margerite ☐ Honiggras ☐ Wiesenstorchschnabel

2 Welche der abgebildeten Tiere sind keine ausgesprochenen Wiesenbewohner?

_____

3 Ab Mitte Mai kann man an Wiesenpflanzen Schaumgebilde wie Spucke beobachten (in der Abb. am Wiesenstorchschnabel). Informiere dich über dieses auch als „Kuckucksspeichel" bezeichnete Phänomen.

_____

_____

_____

Lösung

Gefährdet — gesucht I

Steckbrief

Gesucht werden wegen ihrer Gefährdung und damit schon Seltenheit die folgenden Pflanzen. Vor dem direkten Umgang mit ihnen wird allerdings dringend gewarnt. Viele von ihnen sind giftig (☠), fast alle stehen unter ganzjährigem Naturschutz (N) und bei alle wären Sammeln, Zerstören, Pflücken oder Ausgraben zum z. B. Herbarisieren oder „in den Garten pflanzen" schwerer und strafbarer Frevel. Für eine erfolgreiche Suche müssen die Steckbriefe noch vervollständigt werden. Dein Biologiebuch oder Bestimmungsbücher helfen dir sicher weiter.

Name	Kornrade, KornRade, Rade; Agrostemma githago L.
Familie	*Nelkengewächse, Caryophyllaceae*
Ansprüche	trocken, leicht sauer, lehmig-sandig, warme Lagen
Standort	*Acker, in Roggen und Gerste*
Biologie	50 bis 100 cm, Bestäuber: Bienen und Schmetterlinge, winterannuell, Organe und Samen mit Saponinen
Besonderheiten	*Organe und Samen mit Saponinen, früher häufig Vergiftungen durch Kornradesamen im Getreide*
Gefährdung	Herbizide, modernste Saatgutreinigung, Tiefpflügen bis zum äußersten Ackerrand, sehr selten
Hilfe	nur durch Ackerreservate, traditioneller Anbau ohne Herbizide, Ackerrandstreifenprogramme (NRW)

Name	Feld- oder Acker-Rittersporn, Consolida regalis L.
Familie	*Hahnenfußgewächse, Ranunculaceae*
Ansprüche	*kalk- und wärmeliebend, tiefe und warme Lagen*
Standort	Acker, in Wintergetreide
Biologie	*20 bis 50 cm, Bestäuber: Hummeln und Schmetterlinge, winter- oder sommerannuell*
Besonderheiten	schwach giftig, früher Heilpflanze (☠)
Gefährdung	Herbizide, modernste Saatgutreinigung, Tiefpflügen bis zum äußersten Ackerrand, zurückgehend
Hilfe	nur durch Ackerreservate, traditioneller Anbau ohne Herbizide, Ackerrandstreifenprogramme (NRW)

Name	Sommer-Adonisröschen, Adonis aestivalis L.
Familie	Hahnenfußgewächse, Ranunculaceae
Ansprüche	trockene bis steinige Kalkäcker, sommerwarme Lagen
Standort	Acker, in Wintergetreide
Biologie	20 bis 60 cm, Bestäuber: Bienen, winter- oder sommerannuell, oft mit Rittersporn vergesellschaftet
Besonderheiten	*mit Herzglykosiden ☠, selten blassgelb*
Gefährdung	Herbizide, Saatgutreinigung, Randpflügung - vielerorts bereits ausgestorben
Hilfe	*Ackerreservate, Freilichtmuseen als Refugien*

Terrestrische Ökosysteme

Gefährdet — gesucht I

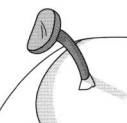

Steckbrief

Gesucht werden wegen ihrer Gefährdung und damit schon Seltenheit die folgenden Pflanzen. Vor dem direkten Umgang mit ihnen wird allerdings dringend gewarnt. Viele von ihnen sind giftig (☠), fast alle stehen unter ganzjährigem Naturschutz (N) und bei alle wären Sammeln, Zerstören, Pflücken oder Ausgraben zum z.B. Herbarisieren oder „in den Garten pflanzen" schwerer und strafbarer Frevel. Für eine erfolgreiche Suche müssen die Steckbriefe noch vervollständigt werden. Dein Biologiebuch oder Bestimmungsbücher helfen dir sicher weiter.

Name	Kornrade, KornRade, Rade; Agrostemma githago L.
Familie	
Ansprüche	trocken, leicht sauer, lehmig-sandig, warme Lagen
Standort	
Biologie	50 bis 100 cm, Bestäuber: Bienen und Schmetterlinge, winterannuell, Organe und Samen mit Saponinen
Besonderheiten	
Gefährdung	Herbizide, modernste Saatgutreinigung, Tiefpflügen bis zum äußersten Ackerrand, sehr selten
Hilfe	nur durch Ackerreservate, traditioneller Anbau ohne Herbizide, Ackerrandstreifenprogramme (NRW)

Name	Feld- oder Acker-Rittersporn, Consolida regalis L.
Familie	
Ansprüche	
Standort	Acker, in Wintergetreide
Biologie	
Besonderheiten	schwach giftig, früher Heilpflanze (☠)
Gefährdung	Herbizide, modernste Saatgutreinigung, Tiefpflügen bis zum äußersten Ackerrand, zurückgehend
Hilfe	nur durch Ackerreservate, traditioneller Anbau ohne Herbizide, Ackerrandstreifenprogramme (NRW)

Name	Sommer-Adonisröschen, Adonis aestivalis L.
Familie	Hahnenfußgewächse, Ranunculaceae
Ansprüche	trockene bis steinige Kalkäcker, sommerwarme Lagen
Standort	Acker, in Wintergetreide
Biologie	20 bis 60 cm, Bestäuber: Bienen, winter- oder sommerannuell, oft mit Rittersporn vergesellschaftet
Besonderheiten	
Gefährdung	Herbizide, Saatgutreinigung, Randpflügung - vielerorts bereits ausgestorben
Hilfe	

© Ernst Klett Verlag GmbH, Stuttgart 2010. Als Kopiervorlage freigegeben.

Arbeitsblätter Biologie

Lösung

Gefährdet - gesucht II

Steckbrief

Gesucht werden wegen ihrer Gefährdung und damit schon Seltenheit die folgenden Pflanzen. Vor dem direkten Umgang mit ihnen wird allerdings dringend gewarnt. Viele von ihnen sind giftig (☠), fast alle stehen unter ganzjährigem Naturschutz (N) und bei alle wären Sammeln, Zerstören, Pflücken oder Ausgraben zum z.B. Herbarisieren oder „in den Garten pflanzen" schwerer und strafbarer Frevel. Für eine erfolgreiche Suche müssen die Steckbriefe noch vervollständigt werden. Dein Biologiebuch oder Bestimmungsbücher helfen dir sicher weiter.

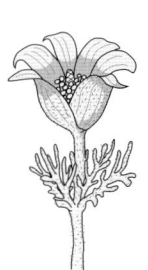

Name	Küchenschelle, Kuhschelle, Pulsatilla vulgaris L.
Familie	Hahnenfußgewächse, Ranunculacea
Ansprüche	auf kalkhaltigen, aber auch saurem Gestein, Wärme
Standort	Trockenrasen, Felsfluren
Biologie	5 bis 40 cm, Bestäuber: Bienen, behaarter Nussfrüchtchenschopf
Besonderheiten	☠, stark behaart, alte Heilpflanze, Blume des Jahres 1996
Gefährdung	Pflücken, Ausgraben, Zerstörung der Standorte, selten (N)
Hilfe	Unterbindung landschaftsschädigender Freizeitaktivitäten wie wildes Campen und Motocross

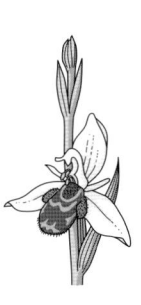

Name	Bienen-Ragwurz, Bienen-Orchis, Ophrys apifera
Familie	Knabenkrautgewächse, Orchidaceae
Ansprüche	trockene, warme Kalkböden
Standort	Trockenrasen, Gebüsche, Magerwiesen
Biologie	15 bis 40 cm, Bestäuber: selbst und Bienen
Besonderheiten	Lippe ähnelt in Form, Farbe und Größe der Biene
Gefährdung	Pflücken, Ausgraben, Veränderung und Zerstörung der Standorte, sehr selten (N)
Hilfe	vgl. Küchenschelle, Rücknahme von Aufforstungen und Verbuschung, extensive Beweidung

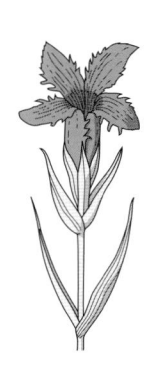

Name	Fransen-Enzian, Gentianella ciliata
Familie	Enziangewächse, Gentianaceae
Ansprüche	trocken, steinig
Standort	Trockenrasen, Steilböschungen, bis 2400 m
Biologie	5 bis 25 cm, ausdauernd, Bestäuber: Hummeln, auch Bienen und Schmetterlinge
Gefährdung	Pflücken, Ausgraben, Steinbrüche, Feriendörfer, Umwandlung in Intensivgrünland, selten (N)
Hilfe	Standortsicherung, Aufklärung über und Kontrolle von Sammelverboten

94 Arbeitsblätter Biologie

Terrestrische Ökosysteme

Gefährdet - gesucht II

Steckbrief

Gesucht werden wegen ihrer Gefährdung und damit schon Seltenheit die folgenden Pflanzen. Vor dem direkten Umgang mit ihnen wird allerdings dringend gewarnt. Viele von ihnen sind giftig (☠), fast alle stehen unter ganzjährigem Naturschutz (N) und bei alle wären Sammeln, Zerstören, Pflücken oder Ausgraben zum z.B. Herbarisieren oder „in den Garten pflanzen" schwerer und strafbarer Frevel. Für eine erfolgreiche Suche müssen die Steckbriefe noch vervollständigt werden. Dein Biologiebuch oder Bestimmungsbücher helfen dir sicher weiter.

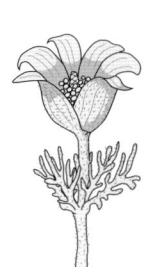

Name	
Familie	Hahnenfußgewächse, Ranunculacea
Ansprüche	auf kalkhaltigen, aber auch saurem Gestein, Wärme
Standort	Trockenrasen, Felsfluren
Biologie	5 bis 40 cm, Bestäuber: Bienen behaarter Nussfrüchtchenschopf
Besonderheiten	☠, stark behaart, alte Heilpflanze, Blume des Jahres 1996
Gefährdung	Pflücken, Ausgraben, Zerstörung der Standorte, selten (N)
Hilfe	

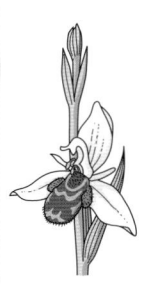

Name	Bienen-Ragwurz, Bienen-Orchis, Ophrys apifera
Familie	
Ansprüche	trockene, warme Kalkböden
Standort	Trockenrasen, Gebüsche, Magerwiesen
Biologie	15 bis 40 cm, Bestäuber: selbst und Bienen
Besonderheiten	Lippe ähnelt in Form, Farbe und Größe der Biene
Gefährdung	
Hilfe	vgl. Küchenschelle, Rücknahme von Aufforstungen und Verbuschung, extensive Beweidung

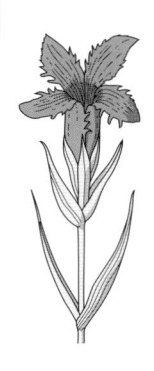

Name	Fransen-Enzian, Gentianella ciliata
Familie	
Ansprüche	trocken, steinig
Standort	
Biologie	5 bis 25 cm, ausdauernd, Bestäuber: Hummeln, auch Bienen und Schmetterlinge
Gefährdung	Pflücken, Ausgraben, Steinbrüche, Feriendörfer, Umwandlung in Intensivgrünland, selten (N)
Hilfe	

Lösung

Überwinterung in Haus und Garten

1 Ordne den Tieren mögliche Winterquartiere zu.

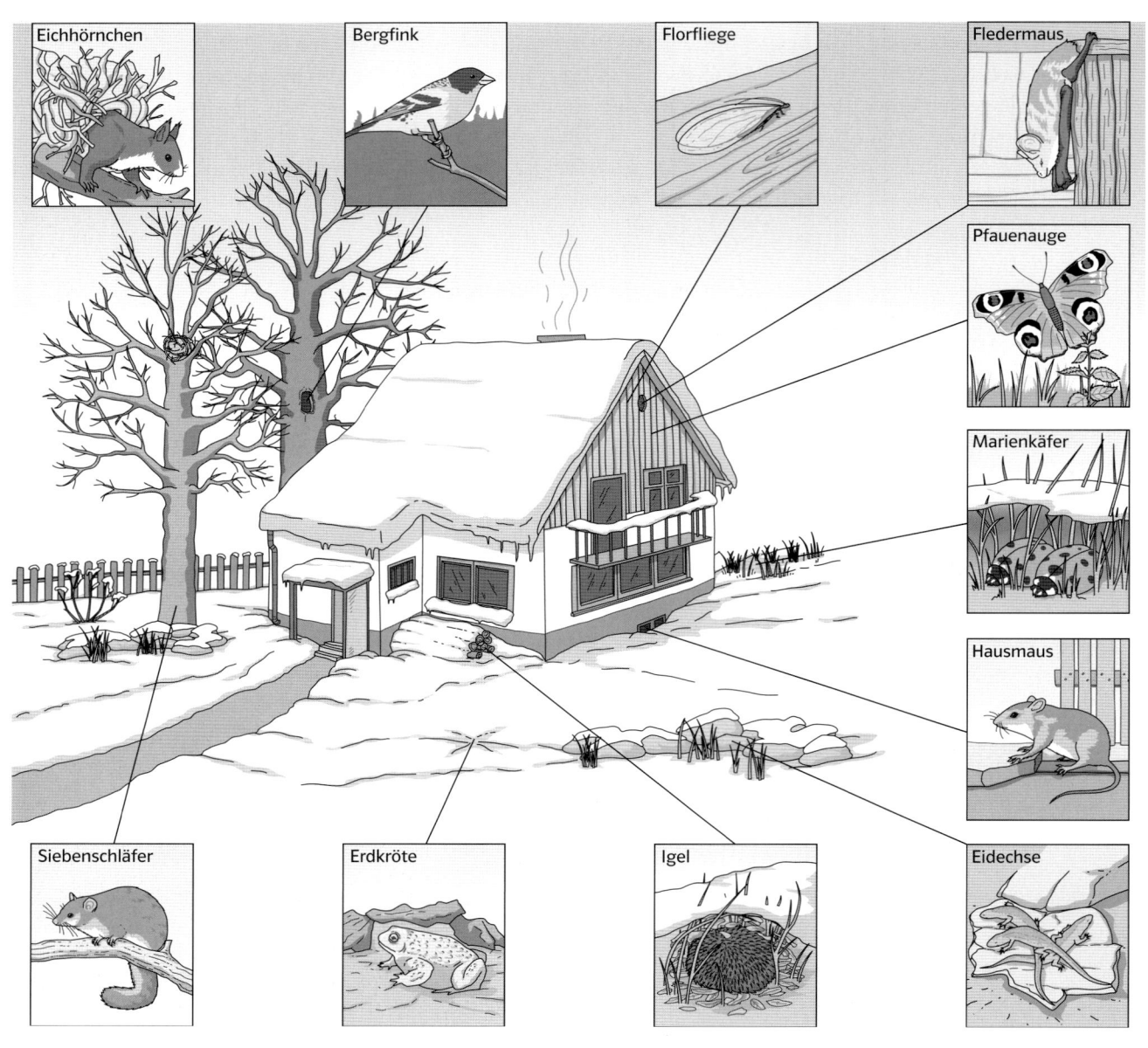

2 Warum darf man Tiere, insbesondere Fledermaus, Siebenschläfer und Igel, nicht in ihren Winterquartieren stören?

Diese Tiere halten einen richtigen Winterschlaf. Sie haben ihre Körpertemperatur und alle Lebensvorgänge stark verringert. Weckt man sie unnötig auf, so reichen oft ihre Energiereserven nicht, um nach erneutem Schlaf wieder aufzuwachen oder den Rest des Winters aktiv zu überleben.

Terrestrische Ökosysteme

Überwinterung in Haus und Garten

1 Ordne den Tieren mögliche Winterquartiere zu.

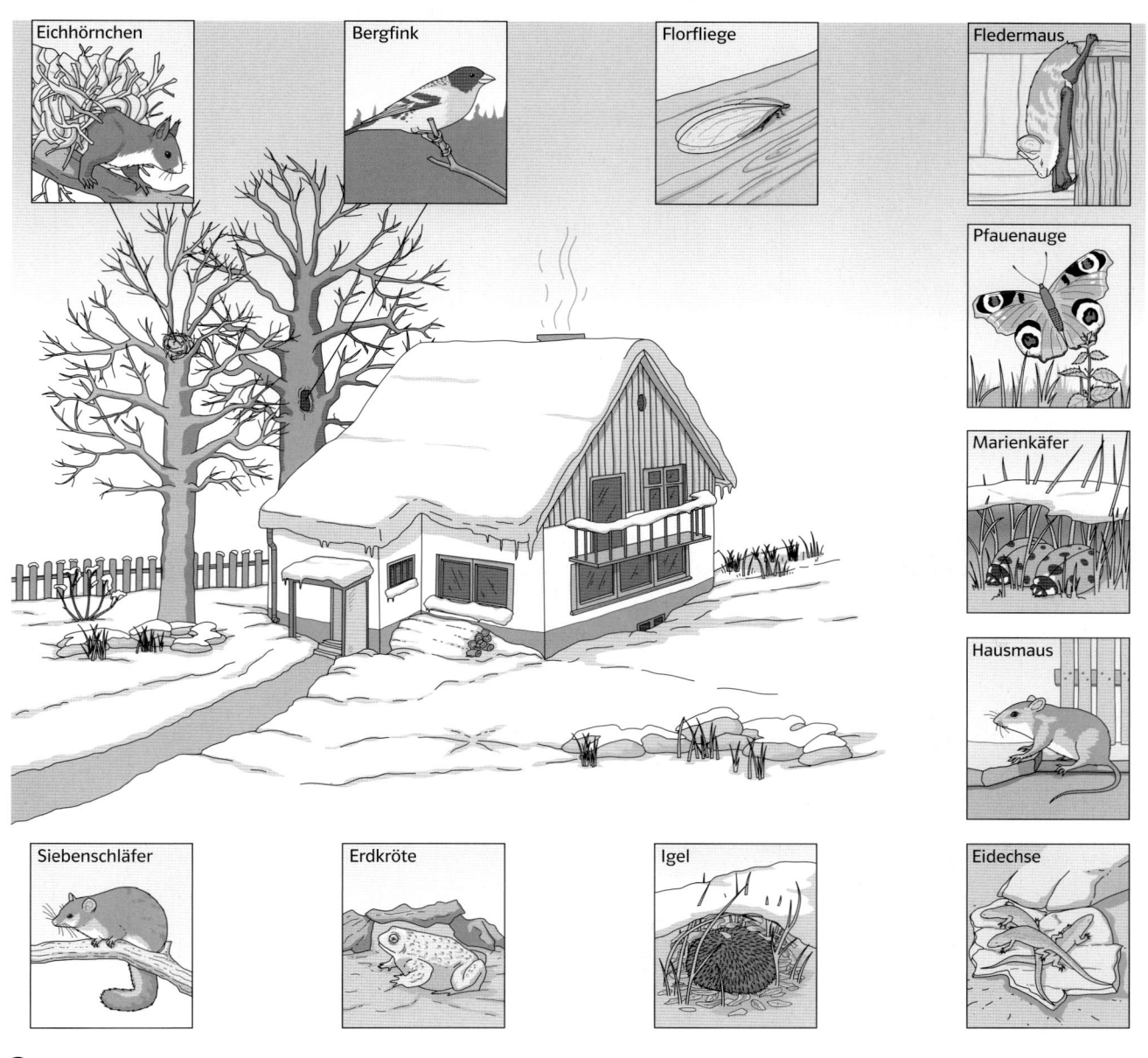

2 Warum darf man Tiere, insbesondere Fledermaus, Siebenschläfer und Igel, nicht in ihren Winterquartieren stören?

_____

_____

_____

_____

Ein unglaublicher Haufen

1 Dem offenen Stofffluss in unserer Konsum- und Wegwerfgesellschaft kann ein Komposthaufen nachhaltig entgegenwirken. Betrachte die Grafik und skizziere in deinem Heft eine Alternative (Kreislaufwirtschaft).

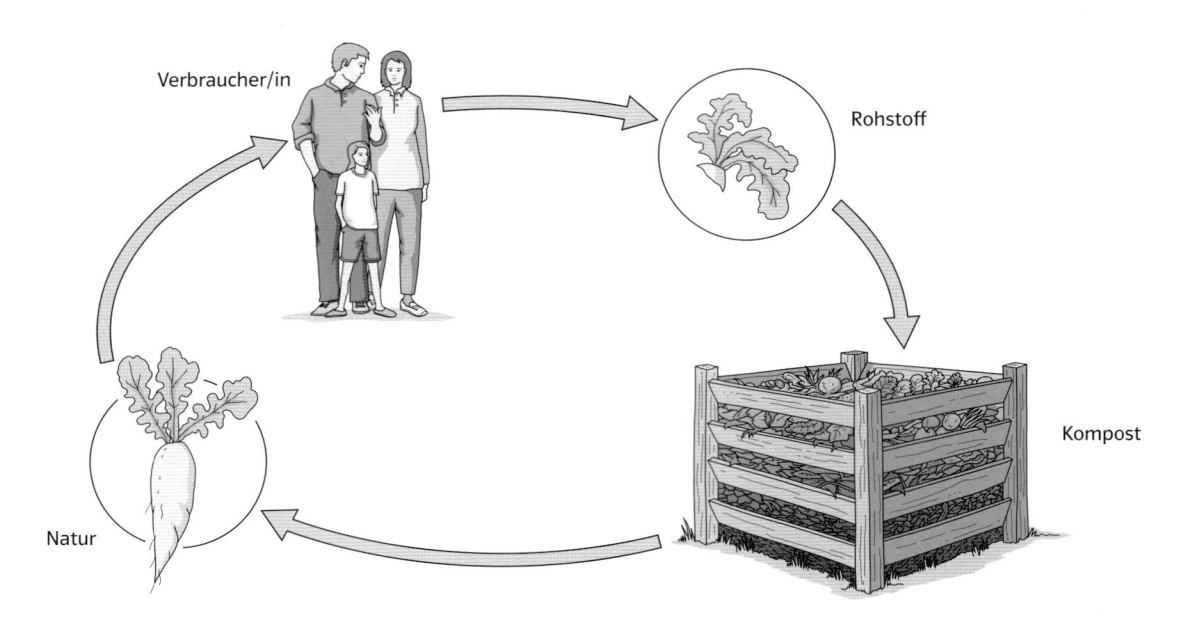

Verbraucher/in — Rohstoff — Kompost — Natur

2 Gib alle üblichen Stoffe an, die dem Kompost zugeführt werden dürfen. Alternativ kannst du in deinem Heft auch eine entsprechende Skizze entwerfen.

- Holzasche (nicht mehr als 30 %)
- trockene Eierschalen
- Mist von Stall- und Haustieren
- Federn, Haare, Horn-, Knochenmehl
- Hecken- und Strauchschnitt
- Gartenabfälle
- Wildkräuter
- Kaffeesatz
- Langstroh, Laub, Obstreste
- angewelkter Rasenschnitt
- Küchenabfälle (aber keine Speisereste)

Terrestrische Ökosysteme

Ein unglaublicher Haufen

1 Dem offenen Stofffluss in unserer Konsum- und Wegwerfgesellschaft kann ein Komposthaufen nachhaltig entgegenwirken. Betrachte die Grafik und skizziere in deinem Heft eine Alternative (Kreislaufwirtschaft).

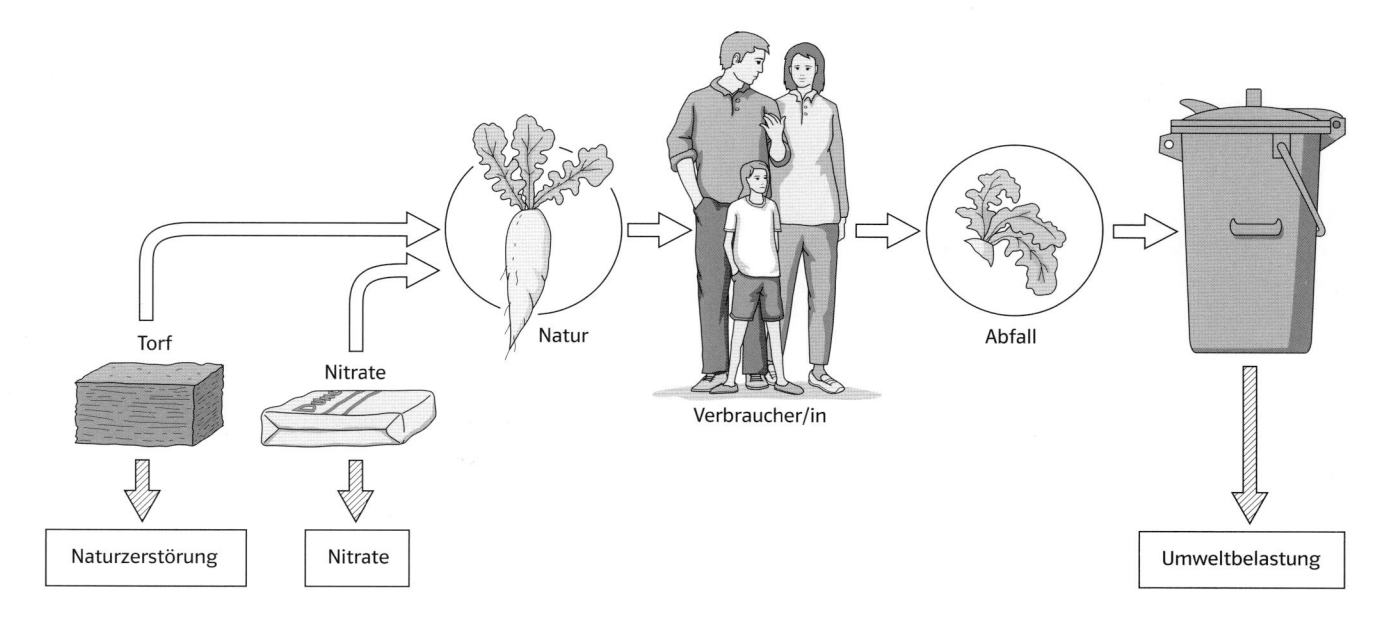

Torf → Naturzerstörung
Nitrate → Nitrate
→ Natur → Verbraucher/in → Abfall → Umweltbelastung

2 Gib alle üblichen Stoffe an, die dem Kompost zugeführt werden dürfen. Alternativ kannst du in deinem Heft auch eine entsprechende Skizze entwerfen.

Lösung

Tiere der Mulchschicht

1 Bestimme die dargestellten Tiere und ordne ihnen Buchstaben zu:
P für Pflanzenfresser, A für Allesfresser und R für Räuber.

2 Untersuche Proben von Gartenmulch auf weißem Papier. Kreuze die Tiere an, die du finden kannst. Vielleicht kannst du deine Ausbeute auch mit Proben aus Streuschichten vergleichen. Nadelwaldstreu, Laubwaldstreu oder Mischwaldstreu sind denkbar. Wo sind die meisten, wo die wenigsten Tierarten zu finden?

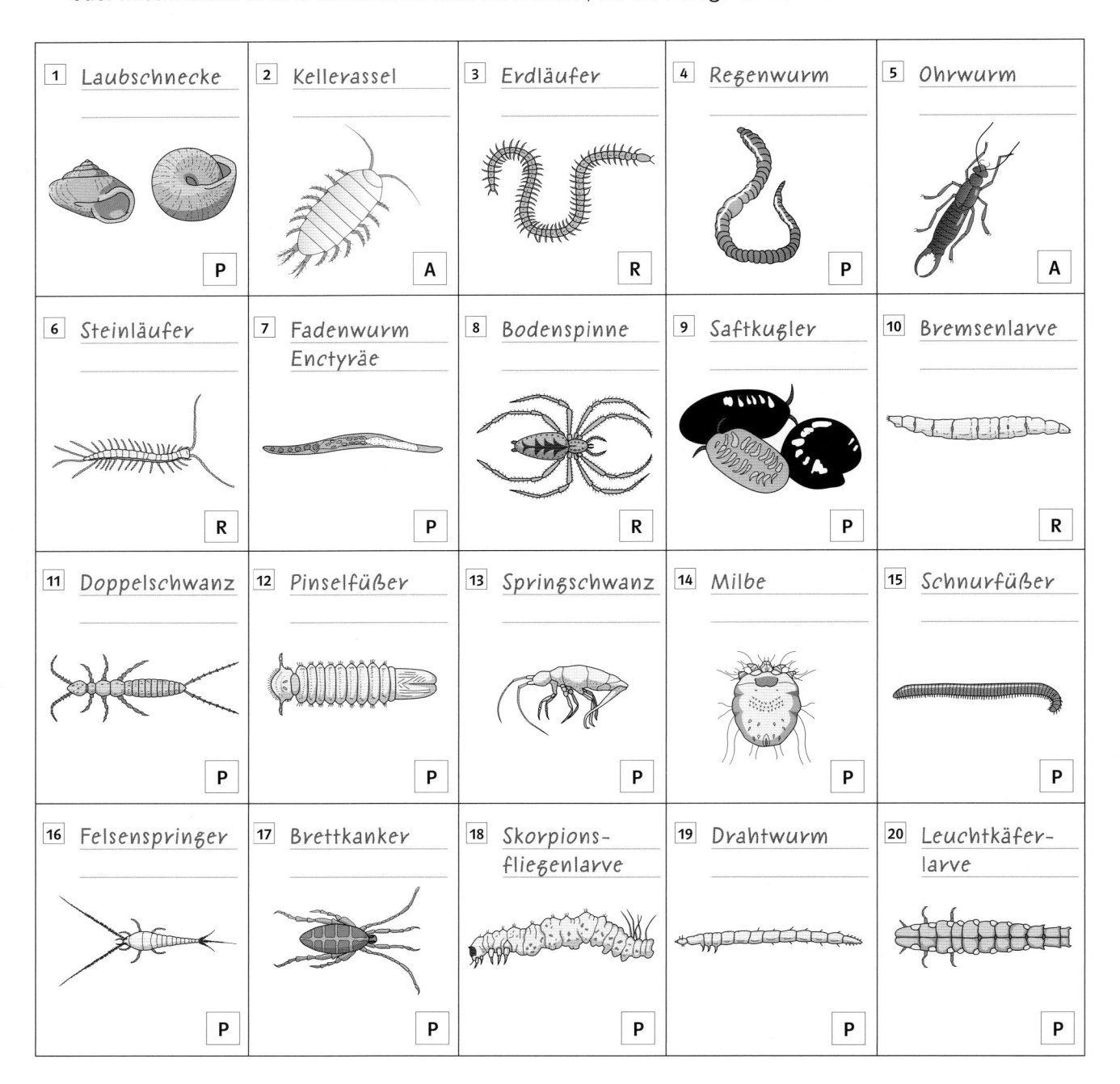

#	Tier	Kategorie
1	Laubschnecke	P
2	Kellerassel	A
3	Erdläufer	R
4	Regenwurm	P
5	Ohrwurm	A
6	Steinläufer	R
7	Fadenwurm Enctyräe	P
8	Bodenspinne	R
9	Saftkugler	P
10	Bremsenlarve	R
11	Doppelschwanz	P
12	Pinselfüßer	P
13	Springschwanz	P
14	Milbe	P
15	Schnurfüßer	P
16	Felsenspringer	P
17	Brettkanker	P
18	Skorpionsfliegenlarve	P
19	Drahtwurm	P
20	Leuchtkäferlarve	P

100 Arbeitsblätter Biologie

Terrestrische Ökosysteme

Tiere der Mulchschicht

1 Bestimme die dargestellten Tiere und ordne ihnen Buchstaben zu:
P für Pflanzenfresser, A für Allesfresser und R für Räuber.

2 Untersuche Proben von Gartenmulch auf weißem Papier. Kreuze die Tiere an, die du finden kannst. Vielleicht kannst du deine Ausbeute auch mit Proben aus Streuschichten vergleichen. Nadelwaldstreu, Laubwaldstreu oder Mischwaldstreu sind denkbar. Wo sind die meisten, wo die wenigsten Tierarten zu finden?

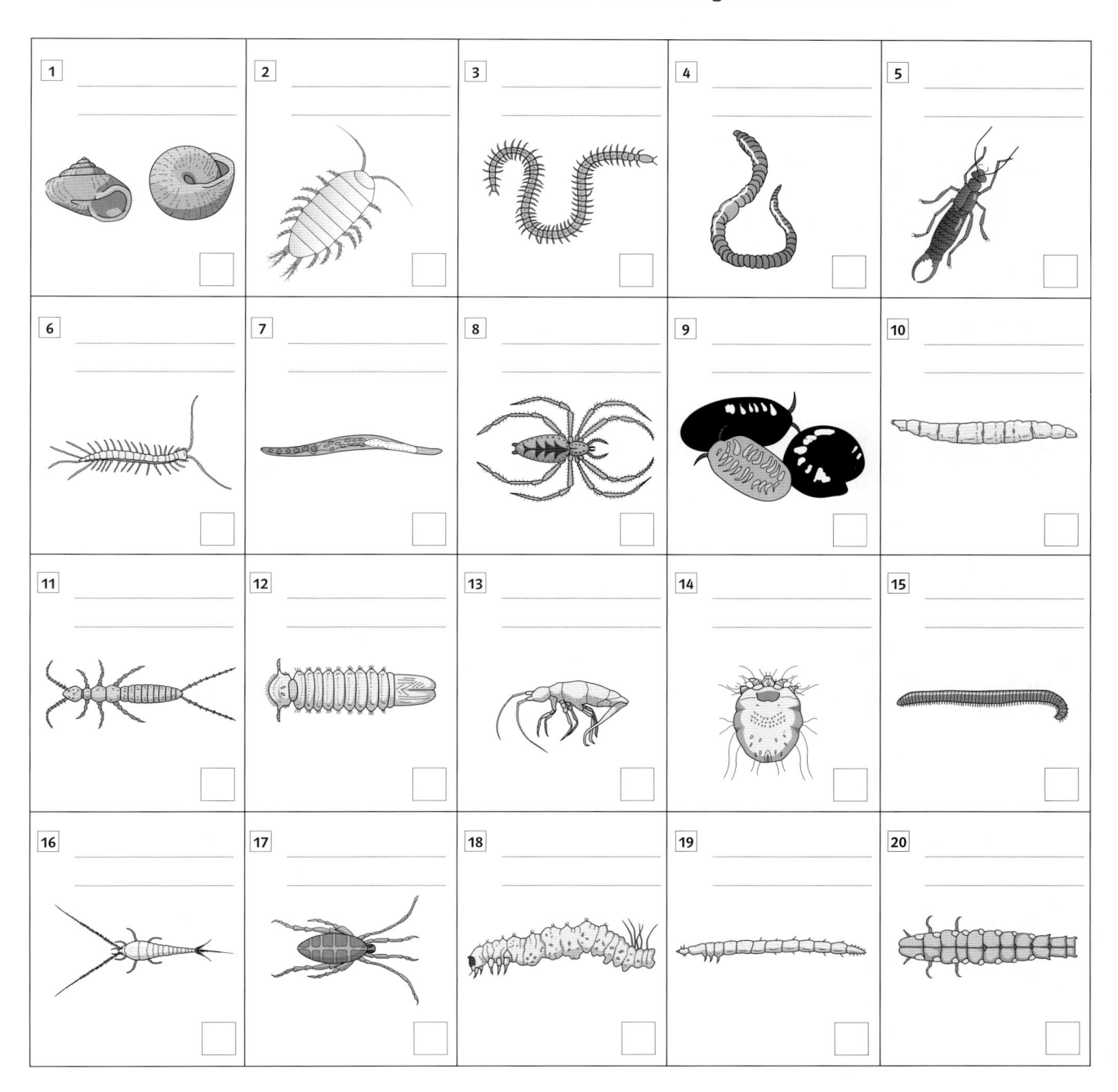

Lösung

Pflanzen an der Trockenmauer

1 Bestimme die dargestellten Pflanzenarten.

Sonnenseite   **Schattenseite**

- a Kleine Brennnessel
- b Große Brennnessel
- c Rundblättrige Glockenblume
- d Goldlack
- e Scharfer Mauerpfeffer
- f Fingersteinbrech
- g Fetthenne
- h Gelber Lerchensporn
- i Schöllkraut
- j Blasenfarn
- k Waldziest
- l Löwenzahn

2 Nachdem du die Pflanzen bestimmt hast, kannst du sicher auch ihre Blütenfarbe einmalen.

Terrestrische Ökosysteme

Pflanzen an der Trockenmauer

1 Bestimme die dargestellten Pflanzenarten.

Sonnenseite   **Schattenseite**

a	_____	g	_____
b	_____	h	_____
c	_____	i	_____
d	_____	j	_____
e	_____	k	_____
f	_____	l	_____

2 Nachdem du die Pflanzen bestimmt hast, kannst du sicher auch ihre Blütenfarbe einmalen.

Lösung

Steinreich

1 Steinreichtum in Haus- und Schulgärten ist kein Ärgernis, sondern eine hochwillkommene Quelle für den Bau kleiner Biotope. Mit etwas körperlichem Einsatz lassen sich Steinhaufen, Hangbegrenzungen, frei stehende Mauern oder auch eine Kräuterspirale bauen.
Für welche Tiere wird ein Steinhaufen zum Refugium?

Winterquartier für Amphibien

Zauneidechse, Blindschleiche, Igel, Bodenbrüter, Insekten

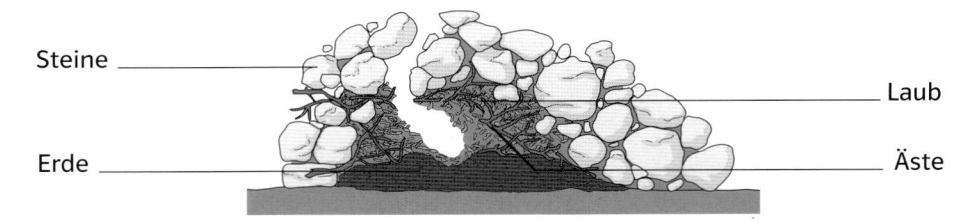

Steine — Laub
Erde — Äste

2 Der Bau einer Kräuterspirale ist recht einfach und kann sich nach den vorhandenen Materialien richten, die Skizze hilft dir beim Bau. Beachte, dass die Spirale samt ihrer „Füllung" so angelegt wird, dass trockene bis feuchte, sonnige bis schattige Standorte entstehen. Mache dich sachkundig (Kräuterlexika, Biobuch), welche Kräuter einsetzbar sind, und ordne dann die Pflanzen zu.

Kräuterspirale

- [i] Brunnenkresse
- [b] Thymian
- [a] Salbei
- [d] Bohnenkraut
- [h] Melisse
- [j] Wasserminze
- [c] Estragon
- [e] Majoran
- [f] Schnittlauch
- [g] Petersilie

104 Arbeitsblätter Biologie

Steinreich

1 Steinreichtum in Haus- und Schulgärten ist kein Ärgernis, sondern eine hochwillkommene Quelle für den Bau kleiner Biotope. Mit etwas körperlichem Einsatz lassen sich Steinhaufen, Hangbegrenzungen, frei stehende Mauern oder auch eine Kräuterspirale bauen.
Für welche Tiere wird ein Steinhaufen zum Refugium?

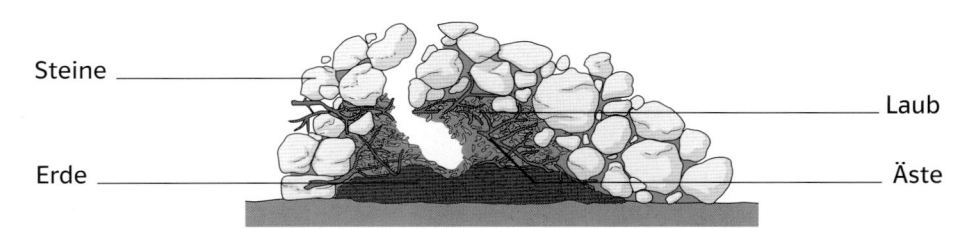

_____

_____

Steine — Laub
Erde — Äste

2 Der Bau einer Kräuterspirale ist recht einfach und kann sich nach den vorhandenen Materialien richten, die Skizze hilft dir beim Bau. Beachte, dass die Spirale samt ihrer „Füllung" so angelegt wird, dass trockene bis feuchte, sonnige bis schattige Standorte entstehen. Mache dich sachkundig (Kräuterlexika, Biobuch), welche Kräuter einsetzbar sind, und ordne dann die Pflanzen zu.

Kräuterspirale

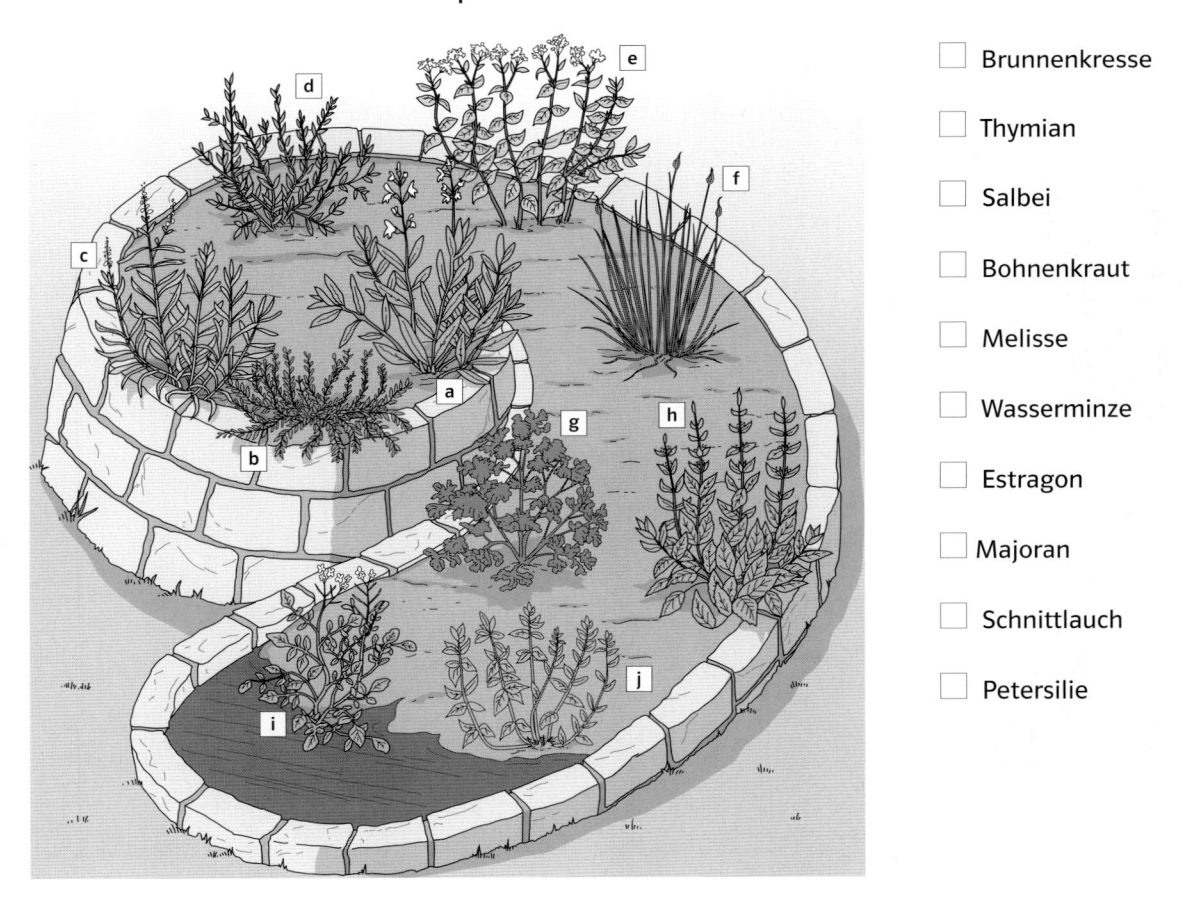

☐ Brunnenkresse

☐ Thymian

☐ Salbei

☐ Bohnenkraut

☐ Melisse

☐ Wasserminze

☐ Estragon

☐ Majoran

☐ Schnittlauch

☐ Petersilie

Arbeitsblätter Biologie

Lösung

Läusejagd

1 Läuse können im Garten manchmal zur Plage werden. Die Kenntnis der Vermehrung von Blattlaus oder schwarzer Bohnenlaus hilft, sie im Falle eines Falles auch gezielt biologisch/ökologisch zu bekämpfen. Nenne mindestens fünf natürliche Feinde der Läuse, die es zu fördern gilt.

Marienkäfer

Marienkäferlarve

Ohrwurm

Raubwanzen

Florfliegenlarve

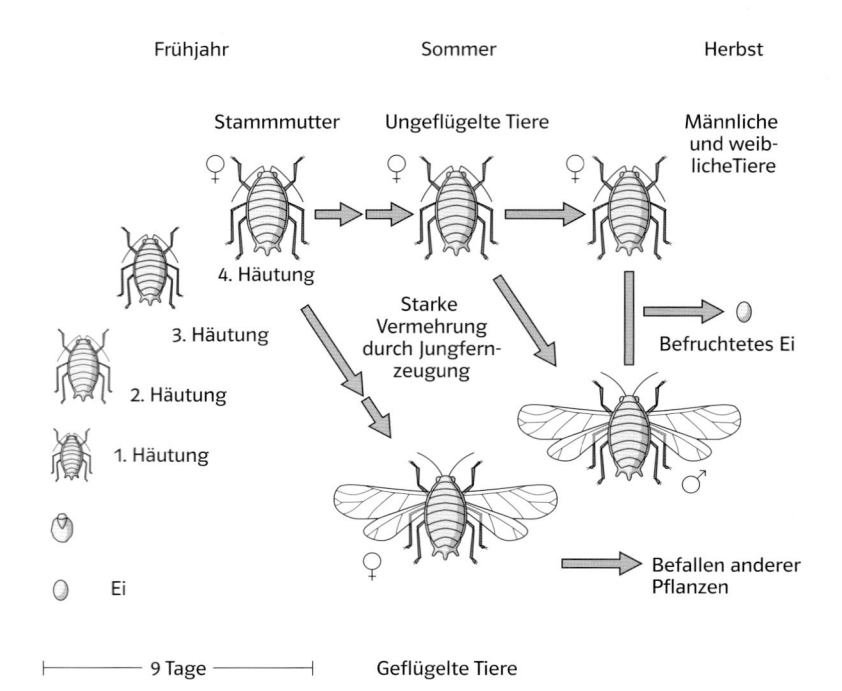

2 Wie kann man im Hausgarten diese natürlichen Feinde fördern?

Kein Einsatz von chemischen Mitteln (töten beide!), für die Ohrwürmer: Aufhängen von Ohrwurmschlafsäcken mit Holzwolle

3 Zeichne einen der natürlichen Feinde der Läuse nebenstehend ein und beschrifte ihn.

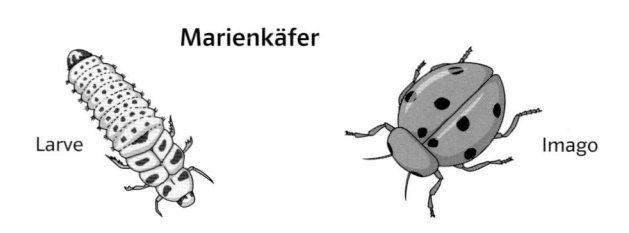

4 Gegen die Laus ist aber auch „ein Kraut gewachsen". Kräuteraufgüsse sind häufig sehr wirksam, wenn man es richtig anfängt. Trage einige Rezepte für Kräuterjauchen, ihre Rezepte und ihre Wirksamkeit zusammen.
Beispiele:

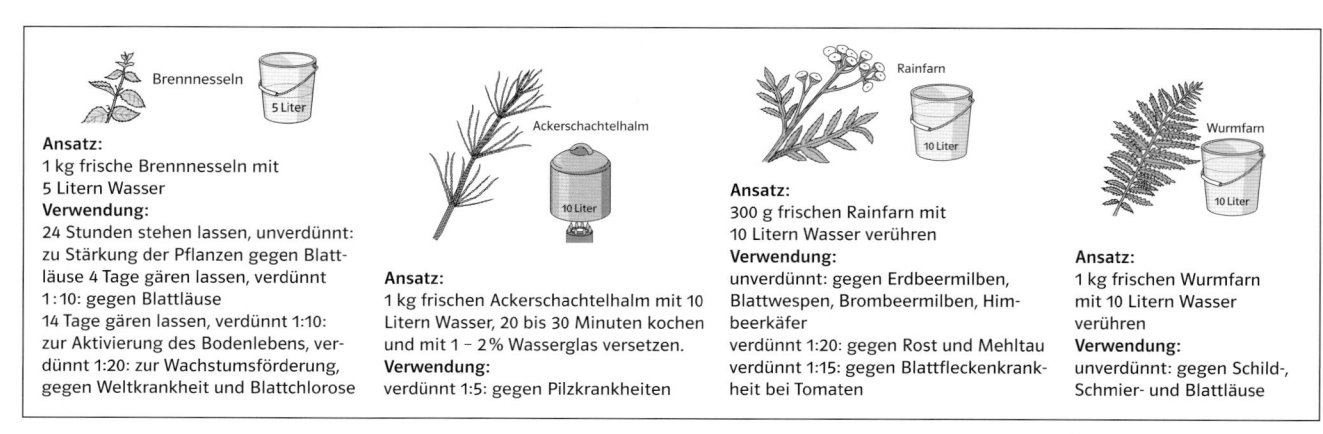

Brennnesseln
Ansatz:
1 kg frische Brennnesseln mit 5 Litern Wasser
Verwendung:
24 Stunden stehen lassen, unverdünnt: zu Stärkung der Pflanzen gegen Blattläuse 4 Tage gären lassen, verdünnt 1:10: gegen Blattläuse
14 Tage gären lassen, verdünnt 1:10: zur Aktivierung des Bodenlebens, verdünnt 1:20: zur Wachstumsförderung, gegen Weltkrankheit und Blattchlorose

Ackerschachtelhalm
Ansatz:
1 kg frischen Ackerschachtelhalm mit 10 Litern Wasser, 20 bis 30 Minuten kochen und mit 1 – 2% Wasserglas versetzen.
Verwendung:
verdünnt 1:5: gegen Pilzkrankheiten

Rainfarn
Ansatz:
300 g frischen Rainfarn mit 10 Litern Wasser verühren
Verwendung:
unverdünnt: gegen Erdbeermilben, Blattwespen, Brombeermilben, Himbeerkäfer
verdünnt 1:20: gegen Rost und Mehltau
verdünnt 1:15: gegen Blattfleckenkrankheit bei Tomaten

Wurmfarn
Ansatz:
1 kg frischen Wurmfarn mit 10 Litern Wasser verühren
Verwendung:
unverdünnt: gegen Schild-, Schmier- und Blattläuse

Terrestrische Ökosysteme

Läusejagd

1 Läuse können im Garten manchmal zur Plage werden. Die Kenntnis der Vermehrung von Blattlaus oder schwarzer Bohnenlaus hilft, sie im Falle eines Falles auch gezielt biologisch/ökologisch zu bekämpfen. Nenne mindestens fünf natürliche Feinde der Läuse, die es zu fördern gilt.

_____

_____

_____

_____

Frühjahr — Sommer — Herbst

Stammmutter — Ungeflügelte Tiere — Männliche und weibliche Tiere

4. Häutung
3. Häutung
2. Häutung
1. Häutung
Ei

Starke Vermehrung durch Jungfernzeugung

Befruchtetes Ei

Befallen anderer Pflanzen

|— 9 Tage —| Geflügelte Tiere

2 Wie kann man im Hausgarten diese natürlichen Feinde fördern?

_____

_____

3 Zeichne einen der natürlichen Feinde der Läuse nebenstehend ein und beschrifte ihn.

4 Gegen die Laus ist aber auch „ein Kraut gewachsen". Kräuteraufgüsse sind häufig sehr wirksam, wenn man es richtig anfängt. Trage einige Rezepte für Kräuterjauchen, ihre Rezepte und ihre Wirksamkeit zusammen.

_____

_____

_____

_____

Torf gehört ins Moor

1 Schneide die Aussagekästchen aus und ordne sie nach Argumenten Pro und Kontra. Vielleicht fallen dir auch noch weitere Argumente ein?

2 Diskutiert Vor- und Nachteile der Torfanwendung sowie Alternativen in der Klasse.

Pro-Torfabbau

- Torfabdeckungen in Vorgärten und auf Gräbern sehen ordentlich aus.
- Torf ist ein hervorragender Wasserspeicher.
- Maschineller Torfabbau sichert Arbeitsplätze

Kontra-Torfabbau

- Verbrauch unersetzlicher Rohstoffe.
- Zerstörung der Lebensräume seltener Pflanzen und Tiere.
- Torf hat einen pH-Wert von 3-4 und versauert damit Böden.
- Torf verliert sein Wasserhaltevermögen sehr schnell und liefert nur geringe Humusmengen.
- Torf zur Abdeckung trocknet an der Oberfläche unwiderruflich aus.
- In Lehmböden setzt ohne Luftzufuhr mit Torf Verkohlung ein.
- Torf ist kein Dünger, er enthält fast keine Pflanzennährstoffe.

Sachaussagen/Alternativen

- Düngetorf ist mit Kunstdünger angereicherter Torf.
- Versauerung von Böden führt zu Nährstoffmangel und macht Düngung erforderlich.
- Jährlich werden mehr als 8 Mio. m² Torf in Gärten vergraben.
- Kompost, Rindenmulch und Gründüngung liefern große Humusmengen.
- Rindenhumus versauert den Boden nicht.
- Ca. 1000 ha Hochmoorfläche werden jährlich trockengelegt.
- 10 000 Jahre brauchen Moore zur Entwicklung.
- Gartenabfälle gehören nicht auf die Müllkippe, sondern auf den Komposthaufen.
- Kompost ist eine natürliche Düngung, aktiviert das Bodenleben und verbessert die Bodenstruktur.

Terrestrische Ökosysteme

Torf gehört ins Moor

1 Schneide die Aussagekästchen aus und ordne sie nach Argumenten Pro und Kontra. Vielleicht fallen dir auch noch weitere Argumente ein?

2 Diskutiert Vor- und Nachteile der Torfanwendung sowie Alternativen in der Klasse.

- Düngetorf ist mit Kunstdünger angereicherter Torf.

- Ca. 1 000 ha Hochmoorfläche werden jährlich trockengelegt.

- Torf verliert sein Wasserhaltevermögen sehr schnell und liefert nur geringe Humusmengen.

- Jährlich werden mehr als 8 Mio. m² Torf in Gärten vergraben.

- 10 000 Jahre brauchen Moore zur Entwicklung.

- Verbrauch unersetzlicher Rohstoffe.

- Versauerung von Böden führt zu Nährstoffmangel und macht Düngung erforderlich.

- In Lehmböden setzt ohne Luftzufuhr mit Torf Verkohlung ein

- Zerstörung der Lebensräume seltener Pflanzen und Tiere.

- Kompost ist eine natürliche Düngung, aktiviert das Bodenleben und verbessert die Bodenstruktur.

- Rindenhumus versauert den Boden nicht.

- Maschineller Torfabbau sichert Arbeitsplätze

- Kompost, Rindenmulch und Gründüngung liefern große Humusmengen.

- Torf ist ein hervorragender Wasserspeicher.

- Gartenabfälle gehören nicht auf die Müllkippe, sondern auf den Komposthaufengeringe Humusmengen.

- Torf zur Abdeckung trocknet an der Oberfläche unwiderruflich aus.

- Torf ist kein Dünger, er enthält fast keine Pflanzennährstoffe.

- Torfabdeckungen in Vorgärten und auf Gräbern sehen ordentlich aus.

- Torf hat einen pH-Wert von 3-4 und versauert damit Böden.

Lösung

Umweltfaktor / Störfaktor Baum

1 Nenne einige positive Auswirkungen von Bäumen in der Stadt. Die nebenstehende Skizze hilft dir dabei.

Staubfilter

Sauerstoffabgabe

Kohlenstoffdioxidaufnahme *

Luftbefeuchtung

Luftkühlung *

Beschattung*

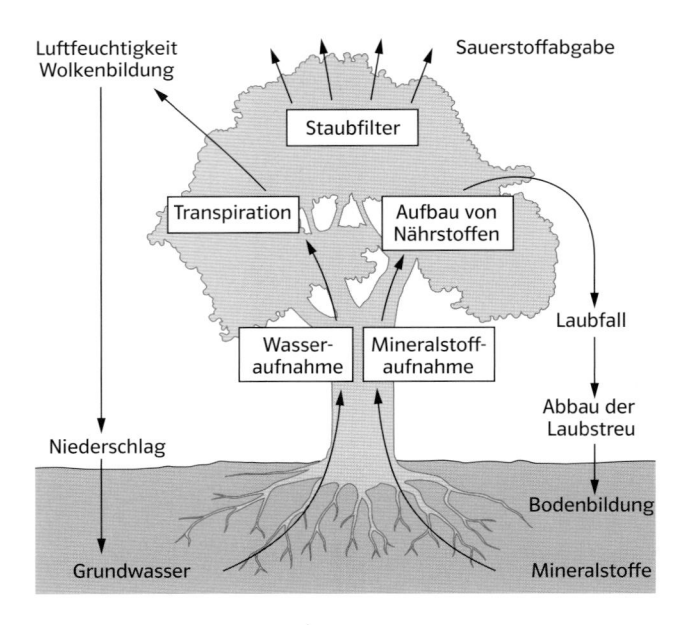

Ästhetischer Wert*

2 Kennzeichne diejenigen deiner gefundenen Punkte, die nicht oder nicht direkt aus dem Schema ablesbar sind, mit einem Sternchen.

3 Trotz all der positiven Auswirkungen von Bäumen wird ihnen das Überleben - insbesondere in der Stadt - täglich schwer gemacht.
Nenne einige Punkte, die den Bäumen das Überleben schwer bis unmöglich machen; gib Verbesserungsvorschläge an.

Mechanische Verletzungen durch PKWs - starke Parkbügel,

Plakatierung von Bäumen mit Nägeln - bestehende Verbote beachten,

Versiegelung der Wurzelscheibe - große umrandete Rabatten mit Wasserzufuhr,

Pflege durch Anwohner

Wurzelbeschädigung durch Bauarbeiter - Aufmerksamkeit und Sensibilität der Behörden, Baumschutzsatzung

Verunreinigung des Bodens - bestehende Verbote beachten (z. B. Öl)

Falscher Baumschnitt - Durchführung nur durch Fachbetriebe

Luftverunreinigung - politischer Wille, verantwortliches Handeln

(Bäume als Hindernis / stehen im Weg - Einstellung, Baumschutzsatzung;

Bäume werfen Laub / machen Dreck - Einstellung, Pflege durch Anwohner)

Terrestrische Ökosysteme

Umweltfaktor / Störfaktor Baum

1 Nenne einige positive Auswirkungen von Bäumen in der Stadt. Die nebenstehende Skizze hilft dir dabei.

Beschriftungen der Skizze: Luftfeuchtigkeit, Wolkenbildung, Sauerstoffabgabe, Staubfilter, Transpiration, Aufbau von Nährstoffen, Wasseraufnahme, Mineralstoffaufnahme, Laubfall, Abbau der Laubstreu, Niederschlag, Bodenbildung, Grundwasser, Mineralstoffe

2 Kennzeichne diejenigen deiner gefundenen Punkte, die nicht oder nicht direkt aus dem Schema ablesbar sind, mit einem Sternchen.

3 Trotz all der positiven Auswirkungen von Bäumen wird ihnen das Überleben - insbesondere in der Stadt - täglich schwer gemacht.
Nenne einige Punkte, die den Bäumen das Überleben schwer bis unmöglich machen; gib Verbesserungsvorschläge an.

Hoch hinauf

Klettern will gelernt sein.
Viele unserer heimischen Kletterpflanzen benötigen geeignete Hilfe zur Erklimmung von Hauswänden. Ihre Kletterformen sind sehr unterschiedlich. Identifiziere die Kletterformen und gib jeweils ein Beispiel an.

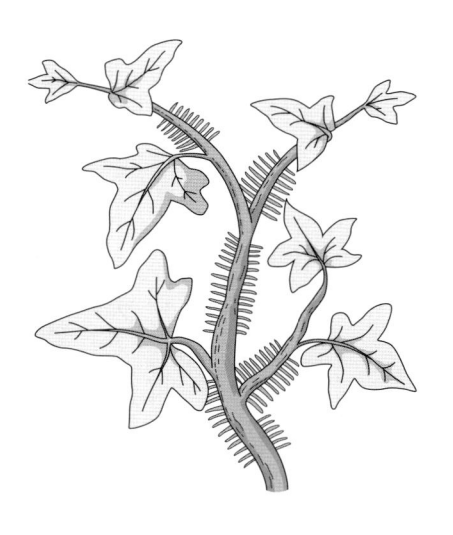

a  _____   b  _____   c _____

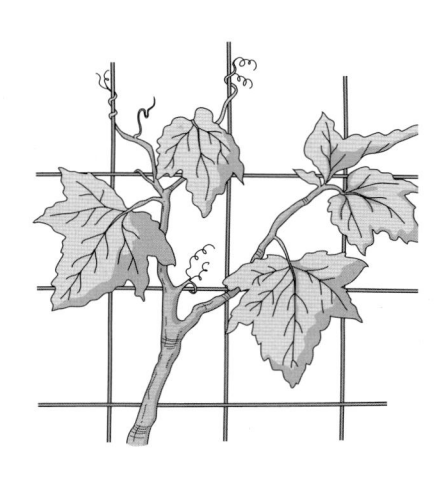

d  _____   e  _____   f _____

Lösung, ggf. abtrennen

a **Sproßbürtige Haftwurzeln**
Beispiel: Efeu

b **Spreizklimmer**
Beispiel: Kletterrose

c **Haftscheiben**
Beispiel: Wilder Wein

d **Sproßanker**
Beispiel: Scharlach-Wein

e **Schlinger**
Beispiel: Hopfen

f **Blattstielranker**
Beispiel: Clematis

112 Arbeitsblätter Biologie